Vortmann
Lizenzverträge
richtig gestalten

Lizenzverträge richtig gestalten

Grundzüge des Lizenzrechts
und Muster für die Praxis

von
Justitiar Dr. Jürgen Vortmann
Isernhagen

2. Auflage

WRS VERLAG WIRTSCHAFT, RECHT UND STEUERN

CIP-Titelaufnahme der Deutschen Bibliothek

Vortmann, Jürgen:
Lizenzverträge richtig gestalten / von Jürgen Vortmann. – 2.,
durchges. Aufl. – Planegg/München: WRS, Verl. Wirtschaft,
Recht u. Steuern, 1990
  (WRS-Musterverträge; Bd. 20)
  ISBN 3-8092-0691-1
NE: GT

ISBN 3-8092-0691-1   Bestell-Nr. 60.11
1. Auflage 1987 (ISBN 3-8092-0383-1)
2., durchgesehene Auflage 1990

© 1990, WRS Verlag Wirtschaft, Recht und Steuern, GmbH & Co., Fachverlag,
8033 Planegg/München, Fraunhoferstraße 5, Postfach 1363, Tel. (089) 8 57 79 44

Alle Rechte, auch die des auszugsweisen Nachdrucks, der fotomechanischen Wiedergabe (einschließlich Mikrokopie) sowie der Auswertung durch Datenbanken oder ähnliche Einrichtungen vorbehalten.

Satz + Druck: Schoder GmbH & Co. KG, Gutenbergstraße 12, 8906 Gersthofen

Inhaltsverzeichnis

	Seite
Abkürzungsverzeichnis	7
1 Einleitung	9
2 Grundriß des Lizenzrechts	10
2.1 **Begriff und Zustandekommen des Lizenzvertrages**	10
2.1.1 Begriff des Lizenzvertrages	10
2.1.2 Abschluß des Lizenzvertrages	11
2.1.3 Form des Lizenzvertrages	12
2.2 **Arten der Lizenzen**	12
2.2.1 Einfache oder nichtausschließliche Lizenz	12
2.2.2 Ausschließliche Lizenz	13
2.2.3 Alleinige Lizenz	14
2.2.4 Lizenzen für geschützte und ungeschützte Gegenstände	15
2.2.5 Besondere Lizenzarten	15
Herstellungs- und Vertriebslizenz	15
Gebrauchslizenz	15
Persönliche Lizenz	16
Betriebslizenz	16
2.3 **Lizenzvertragliche Pflichten**	16
2.3.1 Pflichten des Lizenznehmers	16
Zahlung der Lizenzgebühr	16
Ausübungspflicht	18
Abwehr von Übergriffen Dritter	18
Geheimhaltung	18
2.3.2 Pflichten des Lizenzgebers	19
Ermöglichung der Ausübung des Lizenzrechts	19
Sicherung des Benutzungsrechts	19
2.3.3 Nachvertragliche Pflichten	20
Lizenznehmer	20
Lizenzgeber	20
2.4 **Gewährleistung des Lizenzgebers**	20
2.4.1 Sachmängel	21
Voraussetzungen	21
Haftungsumfang	21

2.4.2	Rechtsmängel	22
	Voraussetzungen	22
	Haftungsumfang	22
2.5	**Gewährleistung des Lizenznehmers**	23
2.6	**Produzentenhaftung**	24
2.7	**Ansprüche gegen nichtberechtigte Dritte**	24
2.7.1	Schadensersatzansprüche	24
	Allgemeines	24
	Schadensberechnung	25
2.7.2	Unterlassungsansprüche	26
2.8	**Vorzeitige Beendigung des Lizenzvertrages**	26
2.9	**Übertragung von Lizenzen**	27
2.10	**Gesetzliche Rechtsnachfolge**	28
2.11	**Lizenzen in Konkurs und Zwangsvollstreckung**	28
3	**Steuerliche Hinweise**	30
4	**Besonderheiten bei Auslandslizenzverträgen**	31
5	**Muster**	32
5.1	Einfacher Lizenzvertrag mit Know-how-Übertragung	32
5.2	Schiedsvertrag	46
5.3	Ausschließliche Lizenz	47
5.3.1	Ausschließliche Patentlizenz	47
5.3.2	Ausschließliche Lizenz an einem Geheimverfahren	51
5.3.3	Antrag auf Eintragung einer ausschließlichen Lizenz	54
5.4	Gebrauchsmusterunterlizenzvertrag	55
5.5	Warenzeichenlizenzvertrag	57
5.6	Lizenzvertrag über die Verwendung eines Warenzeichens als begleitende Marke	60
5.7	Verlagslizenzvertrag	62
5.8	Filmlizenzvertrag	65
5.9	Lizenzaustauschvertrag	70
5.10	Schutzrechtskaufverträge	72
5.10.1	Optionsvertrag für einen Schutzrechtskauf	72
5.10.2	Patentkaufvertrag	75
5.10.3	Warenzeichenkaufvertrag	78
5.10.4	Antrag auf Umschreibung eines Patents	79
5.11	Geheimhaltungsverpflichtung	81
6	**Literaturverzeichnis**	83
	Stichwortverzeichnis	84

Abkürzungsverzeichnis

Abs.	Absatz
Art.	Artikel
BB	Betriebsberater (Zeitschrift)
BGB	Bürgerliches Gesetzbuch
BGH	Bundesgerichtshof
BGHZ	Entscheidungssammlung des BGH
DB	Der Betrieb (Zeitschrift)
DDR	Deutsche Demokratische Republik
d.h.	das heißt
EStG	Einkommensteuergesetz
EuGH	Europäischer Gerichtshof
ff.	fortfolgende
GebrMG	Gebrauchsmustergesetz
gem.	gemäß
GmbH	Gesellschaft mit beschränkter Haftung
GRUR	Gewerblicher Rechtsschutz und Urheberrecht (Zeitschrift)
GWB	Gesetz gegen Wettbewerbsbeschränkungen
Int.	International
i. S. d.	im Sinne des
i. V. m.	in Verbindung mit
KO	Konkursordnung
LG	Landgericht
m. w. N.	mit weiteren Nachweisen
NJW	Neue juristische Wochenschrift (Zeitschrift)
Nr.	Nummer
OLG	Oberlandesgericht
PatG	Patentgesetz
Rdn.	Randnummer
RG	Reichsgericht
RGZ	Entscheidungssammlung des Reichsgerichts
RIW	Recht der Internationalen Wirtschaft (Zeitschrift)
s.	siehe
S.	Seite, Satz
SorSchG	Sortenschutzgesetz
u.	und
UrhG	Urhebergesetz
UStG	Umsatzsteuergesetz
VerlG	Verlagsgesetz
vgl.	vergleiche

WRP	Wettbewerb in Recht und Praxis (Zeitschrift)
WZG	Warenzeichengesetz
z. B.	zum Beispiel
ZPO	Zivilprozeßordnung

1 Einleitung

Im modernen Wirtschaftsleben ist das Lizenzrecht seit längerer Zeit von großer Bedeutung. Lizenzverträge sind Verträge, die auf einem engen Vertrauensverhältnis zwischen den Wirtschaftspartnern beruhen. Ein mittelständisches Unternehmen ist oft auf die Vergabe von Lizenzen angewiesen, wenn es selbst nicht über einen kostspieligen Vertriebsapparat verfügt und der Aufbau eines solchen die finanziellen Möglichkeiten des Betriebes bei weitem überschreiten würde.

Der Abschluß von Lizenzverträgen ist jedoch nicht ganz einfach. Die einzelnen Vertragspartner sind oft nur unzureichend über das Lizenzrecht informiert. Dies gilt im übrigen auch für den Juristen, der sich nicht auf das Wirtschaftsrecht spezialisiert hat. Die besonderen Schwierigkeiten des Abschlusses von Lizenzverträgen beruhen vor allem darauf, daß im Gesetz eine ausführliche Regelung über das Lizenzrecht und die dazugehörigen Verträge nicht zu finden ist.

Da Lizenzverträge regelmäßig mit hohen wirtschaftlichen Risiken verbunden sind, will die vorliegende Broschüre den Lesern auf einer juristisch fundierten Basis kurz und prägnant die Grundzüge des Lizenzrechts aufzeigen. Ein gerechter Interessenausgleich zwischen Lizenznehmer und Lizenzgeber ist nur dann möglich, wenn alle denkbaren Einflußfaktoren sowohl in juristischer als auch in wirtschaftlicher Hinsicht Berücksichtigung finden. Damit die wechselseitigen Rechtsbeziehungen eine zweckmäßige Gestaltungsform erhalten, enthält diese Broschüre ebenfalls eine Vielzahl von Lizenzvertragsmustern.

Der Verfasser ist sich bewußt, daß bei Verträgen dieser Art aufgrund ihrer vielfachen Gestaltungsmöglichkeiten die Standardmuster nicht immer dazu geeignet sind, unmittelbar übernommen zu werden. Beide Vertragspartner werden nur selten allen Regelungen eines Standardmusters zustimmen können. Die direkte Übernahme ist darüber hinaus auch dann nicht zweckmäßig, wenn die Vertragspartner sich über die rechtliche Bedeutung der einzelnen Vertragsklauseln nicht im klaren sind. Aus diesen Gründen sind den Standardmustern umfangreiche Anmerkungen angefügt woden, die insbesondere auch kartellrechtliche Hinweise beinhalten. Bevor die Muster Verwendung finden, sollten die Anmerkungen aufmerksam beachtet werden.

2 Grundriß des Lizenzrechts

2.1 Begriff und Zustandekommen des Lizenzvertrages

2.1.1 Begriff des Lizenzvertrages

Der Lizenzvertrag ist ein gegenseitiger, im Gesetz nicht ausdrücklich geregelter Verpflichtungsvertrag besonderer Art. Er regelt die Rechtsbeziehungen zweier Personen bei der Einräumung von Herstellungs-, Benutzungs- und Vertriebsrechten an einem Warenzeichen, Patent, Gebrauchs- oder Geschmacksmuster. Die Einräumung eines solchen Schutzrechtes erfolgt entweder durch bloße Überlassung oder aber durch Veräußerung.

Durch den Lizenzvertrag wird der Lizenzgeber verpflichtet, dem Lizenznehmer die Ausübung des ihm zustehenden Rechtes zu ermöglichen. Dem Lizenznehmer obliegt es, die erhaltene Lizenz auszuüben und dem Lizenzgeber die vereinbarte Lizenzgebühr zu zahlen.

Da im Gesetz keine konkreten Bestimmungen für diesen Rechtsbereich zu finden sind, sind die Rechtsgrundsätze für den jeweils zur Beurteilung stehenden Lizenzvertrag aus der Natur des Rechtsverhältnisses selbst zu entnehmen.[1] Dies bedeutet, daß je nach den einzelnen Vertragsgestaltungen die Vorschriften anderer Vertragstypen analog zur Entscheidung über den betreffenden Lizenzvertrag herangezogen werden. Aufgrund der Ausgestaltung des Lizenzvertrages als auf Dauer angelegte Einräumung eines Nutzungsrechtes kommen in erster Linie die Vorschriften des Kauf-, Miet-, Pacht- und Gesellschaftsrechts zur Anwendung.[2] Für den Lizenzvertrag gelten entsprechend seiner Eigenschaft als gegenseitiger Vertrag die im Allgemeinen Teil des BGB festgelegten Rechtsgrundsätze.

Lizenzverpflichtungen sind nicht nur in reinen Lizenzverträgen, sondern auch in Franchiseverträgen enthalten. Unter Franchising versteht man ein besonderes System des Vertriebs von Waren und Dienstleistungen. Dieses System beruht darauf, daß ein Unternehmer eine Dienstleistung oder Ware unter Verwendung eines Namens, einer Marke und Ausstattung entwickelt hat und den Vertrieb des Produktes einem anderen Unternehmer als Franchisenehmer überträgt.[3] Der Franchisegeber liefert dem Franchisenehmer gleichzeitig mit dem Produkt Beistand, Rat und Schulung in technischer

---

[1] RGZ 75, 400 (405).
[2] Münchener Kommentar-Ullmer, vor § 705 Rdn. 87.
[3] Vgl. Skaupy, BB 1969, 113 ff.

und verkaufstechnischer Hinsicht. Er behält sich ebenfalls das Recht vor, die Kontrolle über die Geschäftstätigkeit des Franchisenehmers auszuüben, um eine eventuelle Schädigung seiner Ware oder Dienstleistung zu verhindern. Das Franchising unterscheidet sich von Lizenzverträgen insbesondere durch ein einheitliches Marketingkonzept, das dem Franchisegeber ein umfassendes Überwachungs- und Weisungsrecht einräumt und dem Franchisenehmer vor allem Vertriebspflichten auferlegt. Der Lizenznehmer hat dabei einen größeren Handlungsspielraum und ist insbesondere nicht so eng an die Weisungen des Lizenzgebers gebunden.

Wegen des unterschiedlichen Rechtscharakters soll an dieser Stelle auf das Franchising nicht näher eingegangen werden. Franchiseverträge werden vielmehr später Gegenstand eines eigenen Bandes sein.

2.1.2 Abschluß des Lizenzvertrages

Für das Zustandekommen eines Lizenzvertrages genügt es, daß sich die Vertragsparteien zumindest über das Benutzungsrecht und die Lizenzgebühr geeinigt haben. Wie jeder andere Vertrag kommt der Lizenzvertrag durch die Abgabe zweier übereinstimmender Willenserklärungen zustande (vgl. § 145 ff. BGB). Die vertragliche Einigung liegt deshalb nur dann vor, wenn Angebot und Annahme übereinstimmen.

Ob ein Lizenzvertrag tatsächlich abgeschlossen werden kann, hängt möglicherweise von der Genehmigung einer Behörde ab. Dies gilt vor allem für Verträge mit ausländischen Vertragspartnern. Grundsätzlich sind zwar nach dem Außenwirtschaftsgesetz, abgesehen von wenigen Ausnahmen, die Lizenzverträge deutscher Vertragspartner mit ihren ausländischen Partnern genehmigungsfrei. Im Einzelfall kann die Durchführung des Vertrages jedoch von der Genehmigung der Rechtsordnung des Landes, aus dem der Vertragspartner kommt, abhängen. In diesen Fällen ist der ausländische Partner verpflichtet, die behördliche Genehmigung einzuholen (z. B. in südamerikanischen und asiatischen Ländern).

2.1.3 Form des Lizenzvertrages

Grundsätzlich unterliegt der Lizenzvertrag keiner Formvorschrift. Lizenzverträge können schriftlich oder mündlich abgeschlossen werden. Soweit Lizenzverträge Beschränkungen nach dem Gesetz gegen Wettbewerbsbeschränkungen enthalten (in der in den §§ 16, 18, 20 und 21 GWB dargelegten Art), ist die Schriftform vorgeschrieben (§ 34 GWB). Ebenso ist für einen Lizenzvertrag über ein Sortenschutzrecht (gem. § 17 SorSchG) Schriftform erforderlich.

Im Regelfall sollte jedoch jeder Lizenzvertrag (unabhängig von § 34 GWB) im Interesse beider Vertragspartner schriftlich festgelegt werden. Aufgrund der fehlenden konkreten gesetzlichen Ausgestaltung der Lizenzverträge und der erheblichen finanziellen Bedeutung ist es dringend erforderlich, Lizenzverträge nur schriftlich abzuschließen. Die Schriftform gewährleistet schließlich, daß der Sachverhalt der Lizenzverträge sowohl in juristischer als auch tatsächlicher Hinsicht anhand der einzelnen dem Vertrag zugrundeliegenden Klauseln ausreichend ermittelt werden kann.

2.2 Arten der Lizenzen

Lizenzverträge werden für eine Vielzahl von verschiedenen Zwecken abgeschlossen. Die Vertragsparteien sind nach dem Grundsatz der Vertragsfreiheit in der Ausgestaltung der Lizenzverträge weitgehend frei. Die Rechte und Pflichten aus einem Lizenzvertrag richten sich maßgeblich danach, ob eine einfache oder ausschließliche Lizenz erteilt wurde.

2.2.1 Einfache oder nichtausschließliche Lizenz

Die einfache Lizenz gibt den Lizenznehmern die Befugnis, ein Benutzungsrecht auszuüben, das anderen Mitbewerbern ebenfalls zusteht.[4] Die wechselseitigen Rechtsbeziehungen zwischen den Vertragspartnern bestehen lediglich aufgrund vertraglicher, schuldrechtlicher Beziehungen. Die Begründung einer gegen jedermann wirkenden Rechtsposition des Li-

---

4 Klauer/Möhring, PatG, Rdn. 38 ff. zu § 9 m. w. N.

zenznehmers wie bei der ausschließlichen Lizenz erfolgt bei der einfachen Lizenz nicht. Der Lizenzgeber behält weiterhin die Befugnis, die Erfindung selbst zu nutzen oder sie an Dritte weiterzugeben. Der Nutzungsberechtigte einer einfachen Lizenz kann nicht aus eigenem Recht gegen Dritte, die den Vertragsgegenstand verletzen, vorgehen. Die einfache Lizenz kommt insbesondere immer dann als Vertragstypus in Betracht, wenn der Inhaber des Patents oder Gebrauchsmusters einem anderen das Benutzungsrecht einräumen will, damit der letztere die Erfindung für seine gewerblichen Zwecke nutzen kann.

2.2.2 Ausschließliche Lizenz

Die Vergabe einer ausschließlichen Lizenz ist mit der Einräumung weitergehender Rechte als bei der einfachen Lizenz verbunden. Die ausschließliche Lizenz gewährt nur dem Lizenznehmer das alleinige Recht, den Gegenstand des Schutzrechtes zu nutzen. Alleiniges Recht bedeutet die Ausübung der Lizenz unter Ausschluß aller Mitbewerber, mangels anderslautender ausdrücklicher Vereinbarung auch gegenüber dem Lizenzgeber selbst. Diese Ausschließlichkeitsfunktion bewirkt die Ausstattung der ausschließlichen Lizenz mit einer gegen jedermann wirkenden Rechtsposition.[5]

In diesem Fall hat jedermann die Lizenz gegen sich wirken zu lassen. Ohne Genehmigung des Lizenznehmers ist jeder Dritte von der Ausübung des Benutzungsrechts ausgeschlossen. Dieses Recht umfaßt nicht nur das alleinige positive Ausübungsrecht, sondern auch ein negatives Verbietungsrecht gegenüber jedem Dritten. Trifft auch den Lizenzgeber die Ausschließlichkeitszusicherung, so hat der ausschließliche Lizenznehmer einen Unterlassungs- oder Schadensersatzanspruch auch gegen den Lizenzgeber. Im Zuge eines alleinigen Ausübungsrechts steht dem Lizenznehmer folgerichtig ebenfalls die Vergabe von Unterlizenzen in der Form der einfachen Lizenz zu.

Die Ausübung der ausschließlichen Lizenz kann jedoch wie bei jeder anderen Lizenz räumlich, zeitlich oder sachlich eingeschränkt werden. So können beispielsweise zwei Lizenznehmer Inhaber einer ausschließlichen Lizenz an einem und demselben Gegenstand sein. Einem Lizenznehmer obliegt dann z. B. die Herstellung des Gegenstandes ohne Berechtigung zum Vertrieb, während der andere ausschließlich zum Vertrieb des Gegenstandes berechtigt ist.

---

5 RGZ 57, 38; Stumpf, Der Lizenzvertrag, Rdn. 36 m. w. N.

Das Bundespatentamt trägt auf Antrag und Bewilligung des Patentinhabers (in beglaubigter Form gem. § 34 PatG) gegen eine Gebühr einen Vermerk in die Patentrolle ein. Die Eintragung beinhaltet die Einräumung eines Rechts zur ausschließlichen Benutzung der durch ein Patent geschützten Erfindung ohne Angabe des Berechtigten. Diese Eintragung ist zwar kein zwingendes Wirksamkeitserfordernis für die Erteilung einer ausschließlichen Lizenz, denn für diese genügt die schuldrechtliche Einigung zwischen Patentinhaber und Lizenznehmer. Die Eintragung in die Patentrolle sollte jedoch im Interesse des Lizenznehmers vorgenommen werden. Durch sie erhält der Lizenznehmer die Gewißheit, daß ein lastenfreier Erwerb des Patents durch Dritte nicht mehr möglich ist.

Im Unterschied zu den Patenten muß bei der ausschließlichen Lizenzvergabe eines Sortenschutzrechts die Eintragung in die Sortenschutzrolle zwingend erfolgen (vgl. §§ 17 u. 30 Abs. 1 Nr. 5 und 7 SorSchG). Neben der schriftlichen Vertragsform ist die Eintragung des Namens und der Anschrift des Inhabers eines Sortenschutzrechts gesetzlich vorgeschrieben. Zusätzlich sind der Beginn und die Beendigung dieses besonderen Nutzungsrechts einzutragen. Erst dann ist das Nutzungsrecht auf den Lizenznehmer übergegangen.

2.2.3 Alleinige Lizenz

In zunehmendem Maße hat in den letzten Jahren im Wirtschaftsleben eine besondere Form der ausschließlichen Lizenz an Bedeutung gewonnen, die sogenannte „Alleinige Lizenz". Sie entstand aus dem Bedürfnis heraus, dem Lizenzgeber neben dem Lizenznehmer das Benutzungsrecht an den der Lizenz unterliegenden Gegenständen zu belassen. Die ausschließliche Lizenz legt das Nutzungsrecht allein in die Hände des Lizenznehmers. Die Ausschlußfunktion dieser Lizenz wirkt auch gegenüber dem Lizenzgeber. Die alleinige Lizenz weicht diesen Ausschluß derart auf, daß nur einem einzigen Lizenznehmer die Lizenz gegeben wird und der Lizenzgeber aber sein eigenes Nutzungsrecht behält. Der Charakter einer ausschließlichen Lizenz mit dem negativen Verbietungsrecht des Lizenznehmers geht auf diese Weise nicht verloren. Dem Lizenzgeber bleibt die Eigenbenutzung erhalten, ohne daß er das Recht zur Vergabe weiterer Lizenzen an andere Mitbewerber des Lizenznehmers erhält. Sofern es im Vertragstext an einer ausdrücklichen Regelung fehlt, kann sich das Eigenbenutzungsrecht des Lizenzgebers auch aus einem stillschweigenden Vorbehalt ergeben. Die Rechtsprechung hat diesen stillschweigenden Vorbehalt bejaht, wenn der Lizenznehmer bei Abschluß des Lizenzvertrages wußte oder nach den

Umständen hätte wissen müssen, daß der Lizenzgeber bereits zu diesem Zeitpunkt sein Schutzrecht selbst benutzte.[6]

2.2.4 Lizenzen für geschützte und ungeschützte Gegenstände

Lizenzverträge werden überwiegend für geschützte Gegenstände, die dem gewerblichen Rechtsschutz unterliegen, abgeschlossen. Zu diesen Schutzrechten gehören Patente, Gebrauchsmuster, Warenzeichen, Urheberrechte und geschützte Sorten.

Es gibt jedoch auch vertragliche Vereinbarungen für Gegenstände, für die kein gewerblicher Rechtsschutz besteht. Der Abschluß von Lizenzverträgen bezüglich ungeschützter Erfindungen, Konstruktionen und Produktionsverfahren bietet sich insbesondere dann an, wenn es sich bei den Schutzrechten um Betriebsgeheimnisse handelt, die allein zur betrieblichen Ausstattung gehören und Außenstehenden gegenüber nicht offengelegt werden. Solche Lizenzverträge kommen vorwiegend in der chemischen Industrie vor, da sich chemische Rezepturen in erster Linie für die Geheimhaltung eignen. Dasselbe gilt für produktionstechnische Abläufe in allen Industriezweigen.

2.2.5 Besondere Lizenzarten

Lizenzverträge können die verschiedensten Zwecke zum Inhalt haben, die auch untereinander kombiniert werden können.

Herstellungs- und Vertriebslizenz. Der Lizenznehmer, dem die Herstellung des Schutzrechtes überlassen wird, ist ausschließlich zur Produktion des Lizenzgegenstandes berechtigt. Der Vertrieb eines geschützten Produktes ist dagegen nur dem gestattet, der die Vertriebsrechte erhalten hat. Die reine Herstellungslizenz kommt in der Praxis nur dann vor, wenn der Lizenzgeber die Abnahme der hergestellten Ware garantiert. In der Regel werden Herstellungs- und Vertriebslizenzen in die Hand eines Lizenznehmers gegeben. Reine Vertriebslizenzen sind dagegen häufiger. Der Lizenznehmer einer solchen Lizenz nimmt die Auslieferung im allgemeinen ab Lager des Lizenzgebers bzw. Herstellers vor. Der Inhaber einer solchen Lizenz hat eine bloße Händlerfunktion.

Gebrauchslizenz. Die Rechte des Lizenznehmers sind bei dieser Lizenzart

---

6 RGZ GRUR 1916, 178 (179); BGH GRUR 1955, 338 (340).

lediglich auf die Benutzung der Lizenzgegenstände beschränkt. Solche Lizenzen sind im Maschinenbau sehr gebräuchlich. Der Lizenzgeber stellt hier dem Lizenznehmer eine große Anlage für dessen Produktion zur Verfügung.

Persönliche Lizenz. Lizenzen können in ihrem Umfang nicht nur inhaltlich sachlich beschränkt, sondern auch auf eine bestimmte Person begrenzt werden. Diese persönlichen Lizenzen sind wegen ihrer Bindungen an die Person des Lizenznehmers unvererblich und unübertragbar. Wird in einem Lizenzvertrag die Übertragung von einer Genehmigung des Lizenzgebers abhängig gemacht, so liegt eine persönliche Lizenz vor.

Betriebslizenz. Bei dieser Lizenz wird die Produktion eines lizenzierten Gegenstandes an einen bestimmten Betrieb vergeben. Diese Betriebsbindung muß dabei im Lizenzvertrag ausdrücklich festgelegt werden. Betriebslizenzen können den Charakter persönlicher Lizenzen haben. In der Regel ist in Lizenzverträgen, mit denen eine Betriebslizenz vergeben wird, die Genehmigung des Lizenzgebers zur Übertragung festgeschrieben. Verkauft der Lizenznehmer den Betrieb, so wird im Regelfall auch der Lizenzvertrag erlöschen, wenn die Lizenz unübertragbar war oder der Lizenzgeber die Genehmigung verweigert.

2.3 Lizenzvertragliche Pflichten

Die einzelnen Pflichten der Vertragsparteien eines Lizenzvertrages ergeben sich aus den gesetzlichen Bestimmungen, den getroffenen Vereinbarungen und insbesondere auch aus dem Rechtscharakter des Lizenzvertrages.

2.3.1 Pflichten des Lizenznehmers

Zahlung der Lizenzgebühr. Die Gebührenzahlungspflicht des Lizenznehmers ist eine Hauptpflicht, deren Inhalt und Umfang im Lizenzvertrag ausdrücklich zu regeln ist. Die Lizenzgebühr stellt die vertragliche Gegenleistung des Lizenznehmers für die Überlassung der Nutzung des Schutzrechtes dar. Da die Parteien in der Bemessung der Höhe der Lizenzgebühren grundsätzlich frei und gesetzliche Regelungen nicht vorhanden sind, richten sich Art und Umfang der Gebühr nach der allgemeinen marktwirtschaftlichen Lage und den Interessen der Lizenzvertragsparteien. Eine Vielzahl von Bewertungsfaktoren spielen dabei eine Rolle.[7]

Eine generelle Formel zur Berechnung dieser Lizenzgebühr gibt es nicht, da den individuellen Interessen der Vertragsparteien die unterschiedlichsten Bewertungsmaßstäbe zugrunde liegen.

Die Lizenzgebühr wird in der Regel als Geldleistung erbracht. Im Wege einer vertraglichen Absprache kann allerdings auch vereinbart werden, daß keine Zahlungen erfolgen, sondern der Lizenznehmer statt dessen dem Lizenzgeber Verbesserungen des Lizenzgegenstandes oder eigene Erfindungen überläßt. Im letzteren Fall liegt ein sogenannter Austauschlizenzvertrag vor.

Üblicherweise werden Lizenzgebühren als Pauschal-, Stück- oder Umsatzlizenzen berechnet. Bei den letzteren leistet der Lizenznehmer die Lizenzgebühr in Form eines bestimmten Prozentsatzes vom Umsatz. Da der Begriff Umsatz mehreren unterschiedlichen Definitionen unterliegt, ist im Lizenzvertrag ausdrücklich zu regeln, von welcher Begriffsbestimmung die Vertragsparteien ausgehen wollen. Der Umsatz kann sich nach Listenpreisen, Einzelhandelspreisen oder nach Nettoverkaufspreisen berechnen.

Die Lizenzgebühr bei der Stücklizenz ist ein der Höhe nach feststehender Geldbetrag, der sich nach der Anzahl der aufgrund der Lizenzen hergestellten und/oder verkauften Produkte berechnet. Diese Berechnungsgrundlage hat den Vorteil einer einfachen Buchführung auf seiten der Lizenzvertragsparteien. Für den Lizenzgeber liegt jedoch der wesentliche Nachteil darin, daß er an Preissteigerungen nur dann teilnimmt, wenn im Lizenzvertrag eine Wertsicherungsklausel festgeschrieben ist. So muß eine Regelung dahingehend getroffen werden, in welchem Umfang auch dem Lizenzgeber Preiserhöhungen zugute kommen.

Die Pauschallizenzgebühr ist eine von Umsatz und Produktion unabhängige Berechnungsgröße. Sie erfordert jedoch eine vertragliche Regelung, die die Fälligkeit der Geldleistung festlegt. Sie wird als eine einmalige, auf die gesamte Vertragsdauer berechnete Lizenzgebühr verstanden.[8]

Die Pauschallizenz wird dann vereinbart, wenn die Kontrollmöglichkeiten sehr aufwendig oder beschränkt sind.

Umsatz- und Stücklizenzgebühren werden oft mit einer Mindestlizenzgebühr kombiniert, die der Lizenznehmer unabhängig vom Umsatz oder der Anzahl der produzierten Waren zusätzlich zu zahlen hat. Auf diese Weise erhält der Lizenzgeber unabhängig vom Absatz die Gebühr, gleichgültig, ob der Lizenznehmer das Nutzungsrecht ausübt oder nicht. Die Mindestlizenzgebühr wird häufig als Vorauszahlung für die Überlassung des Nut

---

7 Vgl. dazu die Aufstellung bei Stumpf, Der Lizenzvertrag, Rdn. 99.
8 LG München GRUR 1956, 413.

zungsrechts festgesetzt. Mit der Mindestlizenzgebühr kann beispielsweise die Überlassung von Unterlagen abgegolten werden, wenn noch gar nicht feststeht, ob die Produktion überhaupt aufgenommen wird.

Der Lizenznehmer ist im Zusammenhang mit der Zahlungsverpflichtung der Lizenzgebühr dazu verpflichtet, dem Lizenzgeber eine genaue Abrechnung vorzulegen.[9]

Die Verjährungsfrist des Lizenzgebührenanspruchs beträgt vier Jahre (gem. den §§ 197, 198, 201 BGB).[10] Sie beginnt mit dem Ende des Kalenderjahres, in dem der Anspruch zur Entstehung gelangt.[11]

Ausübungspflicht. Schon wegen des Anspruchs auf Gebührenzahlung hat der Lizenzgeber ein Interesse daran, daß das Nutzungsrecht auch tatsächlich ausgeübt wird. Darüber hinaus ist es für den Lizenzgeber auch wichtig, daß sich seine Erfindung am Markt durchsetzt. Deshalb kann in Lizenzverträgen die Verpflichtung des Lizenznehmers aufgenommen werden, die Produktion in einem gewissen Umfang oder bestimmten Zeitraum durchzuführen und bestimmte Qualitätserfordernisse zu erbringen. Diese Ausübungspflicht ist eine Hauptpflicht, die ausdrücklich vereinbart wird oder sich aus den Umständen des Vertrages ergibt. Ausübungspflichten sind nur bei der ausschließlichen und der alleinigen Lizenz möglich. Einfache Lizenzen können dieser Hauptpflicht nicht unterliegen, da der Lizenzgeber bei dieser Lizenzart das Recht behält, weitere Lizenzen der gleichen Art zu vergeben.

Abwehr von Übergriffen Dritter. Im Gegensatz zur fehlenden Verpflichtung des Lizenznehmers, Schutzrechte aufrechtzuerhalten, ist er aber verpflichtet, dem Lizenzgeber die Verletzung der Schutzrechte durch Dritte anzuzeigen. Diese Pflicht ergibt sich schon daraus, daß der Lizenznehmer im Regelfall eher von der Verletzung Kenntnis erhält als der Lizenzgeber.

Geheimhaltung. Die Geheimhaltungsverpflichtung des Lizenznehmers ist für den Lizenzgeber von großer Bedeutung. Mit der Preisgabe der Lizenz verliert die Erfindung möglicherweise an Wert. Die Geheimhaltungsverpflichtung bezieht sich auch auf die Mitarbeiter des Lizenznehmers. Bei Verletzung dieser Verpflichtung durch die Arbeitnehmer muß der Lizenznehmer sich diese Vertragsverletzung zurechnen lassen.

---

9 RG GRUR 1936, 943 (945).
10 BGH GRUR 1979, 800.
11 BGH GRUR 1959, 125.

2.3.2 Pflichten des Lizenzgebers

Ermöglichung der Ausübung des Lizenzrechts. Die eigentliche Hauptpflicht des Lizenzgebers als Gegenleistung für den Anspruch auf Zahlung der Lizenzgebühr ist die Überlassung des positiven Benutzungsrechts an den Lizenznehmer. Der Lizenzgeber hat die Verpflichtung, alles zu tun, was dem Lizenznehmer die Ausübung seines Nutzungsrechts ermöglicht. Dazu gehört insbesondere die Zurverfügungstellung der erforderlichen Unterlagen und des Know-hows. Darüber hinaus hat der Lizenzgeber die vertragliche Nebenpflicht den Lizenznehmer bei Planung, Errichtung und Betrieb der Produktion zu unterstützen. Soweit es sich bei diesen Unterstützungsverpflichtungen um selbständige Vertragsnebenpflichten handelt, sind diese nach den Grundsätzen des Rechtsgebiets zu beurteilen, aus dem diese Pflichten stammen (z. B. Kauf- u. Dienstvertragsrecht).[12]

Sicherung des Benutzungsrechts. Während der Laufzeit des Vertrages ist der Lizenzgeber zusätzlich verpflichtet, dafür zu sorgen, daß die vertragsgemäße Ausübung der Lizenz erhalten bleibt. Der Lizenzgeber muß daher die gegebenenfalls erforderliche Schutzrechtsanmeldung vornehmen und deren Bestand sichern. Infolgedessen kann der Lizenzgeber nicht ohne Zustimmung des Lizenznehmers auf das Schutzrecht, das Gegenstand einer ausschließlichen Lizenz ist, verzichten.[13]

Der Lizenzgeber darf ebensowenig das Schutzrecht durch Nichtzahlung der Jahresgebühren (vgl. § 14 GebrMG, §§ 17, 20 PatG) zum Erlöschen bringen. Er ist verpflichtet, die fällige Jahresgebühr zu zahlen; es sei denn, der Lizenznehmer hat diese Verpflichtung im Lizenzvertrag übernommen.

Aus der Verpflichtung, für den Bestand des Schutzrechts zu sorgen, ergibt sich für den Lizenzgeber die weitere vertragliche Nebenpflicht, gegenüber Dritten Kenntnisse geheimzuhalten, die sich nicht aus dem Inhalt der Patentanmeldung und der Anlagen ergeben.

---

12 Vgl. Stumpf, Der Lizenzvertrag, Rdn. 248.
13 Reimer, PatG, § 9 Rdn. 96.

2.3.3 Nachvertragliche Pflichten

Lizenznehmer. Nach Ablauf des Lizenzvertrages hat der Lizenznehmer die zur Produktion der lizenzbehafteten Waren erforderlichen Unterlagen dem Lizenzgeber zu übergeben. Der Lizenznehmer ist nicht berechtigt, die mit der Lizenz verbundene Bezeichnung des Lizenzgegenstandes nach Ablauf des Vertrages weiterzuverwenden, denn dies würde die zukünftige Auswertung des Schutzrechts beeinträchtigen.[14]

Wettbewerbsverbote für den Lizenznehmer bezüglich eines Zeitraums nach Beendigung des Lizenzvertrages sind aus kartellrechtlichen Gesichtspunkten dagegen nicht zulässig.

Lizenzgeber. Auch ohne sogenannte ausdrückliche Auslaufklausel ist der Lizenzgeber verpflichtet, dem Lizenznehmer den Vertrieb der während der Laufzeit des Vertrages produzierten Waren zu überlassen. Dieser Verpflichtung kann der Lizenzgeber nur entgehen, wenn er sich im Vertrag eine Abnahmeoption zum Herstellungspreis vorbehalten hat.

2.4 Gewährleistung des Lizenzgebers

Grundsätzlich hat der Lizenzgeber dem Lizenznehmer gegenüber dafür einzustehen, daß das Schutzrecht im Zeitpunkt des Vertragsschlusses Bestand hatte und er zur Überlassung des Schutzrechtes berechtigt war. Der Lizenzgeber haftet aber darüber hinaus auch für die dem Schutzrecht anhaftenden Sach- und Rechtsmängel. Eine Haftung für wirtschaftliche Eigenschaften des lizenzierten Gegenstandes ist dagegen wegen des Charakters des Lizenzvertrages als einem „gewagten" Geschäft ausgeschlossen.[15]

---

14 OLG München WRP 1955, 223.
15 Vgl. dazu BGH GRUR 1961, 27; BGH GRUR 1974, 40 (43).

2.4.1 Sachmängel

Voraussetzungen. Jede einem Nutzungsrecht zugrundeliegende Erfindung muß zu dem gewöhnlichen oder nach dem Vertrag vorausgesetzten Gebrauch geeignet sein, das Nutzungsrecht auszuüben. Soweit diese Voraussetzungen nicht vorliegen, muß der Lizenzgeber nach den Grundsätzen der Sachmängelhaftung einstehen, obwohl es sich beim Gegenstand des Lizenzvertrages nicht um eine Sache handelt. Die Einstandspflicht läßt sich von den Vorschriften des Bürgerlichen Gesetzbuches (§§ 463, 581 Abs. 2 i. V. m. 537 Abs. 1 BGB) ableiten. Der Lizenzgeber haftet infolgedessen für Fehler des Lizenzgegenstandes, die seine technische Ausführbarkeit und Tauglichkeit zu dem vertragsgemäßen Gebrauch aufheben oder mindern.[16]

Dabei fällt die fabrikmäßige Ausführbarkeit nicht mehr unter die der technischen, da der Lizenzgeber für die erstere in der Regel die Haftung gar nicht übernehmen kann. Diese liegt regelmäßig außerhalb seiner Risikosphäre. Unter fehlender technischer Ausführbarkeit versteht man die Herstellung, die nur mit unzumutbaren Aufwendungen verbunden ist.[17]

Wenn der Lizenzgeber im Vertrag ausdrückliche oder stillschweigende Zusicherungen hinsichtlich der Beschaffenheit des Lizenzgegenstandes macht, so hat er auch für das Fehlen dieser Zusicherungen (entsprechend den §§ 463, 538 i. V. m. § 581 BGB) einzustehen. Derjenige, der im Lizenzvertrag Zusicherungen macht, haftet für das Fehlen dieser Eigenschaften.[18]

Haftungsumfang. Der geschädigte Lizenznehmer hat im Falle des Fehlens einer zugesicherten Eigenschaft gegen den Lizenzgeber einen Anspruch auf Ersatz seiner Aufwendungen. Ebenso kann er seinen entgangenen Gewinn geltend machen.[19]

Diesem weitgehenden Haftungsumfang liegt der Gedanke zugrunde, daß der Lizenzgeber mit der Zusicherung dieser besonderen Eigenschaften dem Lizenznehmer Entscheidungshilfen an die Hand gegeben hat, die ihn bei der Entscheidung, ob er den Vertrag abschließen soll, maßgeblich beeinflußt haben.

Der Haftungsumfang für die technische Ausführbarkeit und Brauchbarkeit der lizenzierten Erfindung richtet sich nicht nach den Vorschriften über die

---

16 Vgl. BGH GRUR 1979, 768.
17 Vgl. Stumpf, Der Lizenzvertrag, Rdn. 304.
18 BGH GRUR 1979, 768.
19 Nirk, GRUR 1970, 329 ff.

Mängelhaftung beim Kauf, sondern nach den allgemeinen Vorschriften über gegenseitige Verträge.[20]

Infolgedessen ist für die Bestimmung der Rechtsfolgen beim Scheitern eines Vertrages zu unterscheiden, ob die Störung der vertraglichen Beziehung vor oder nach Abschluß des Lizenzvertrages eingetreten ist.

Der Lizenzgeber ist deshalb nach den Regeln über das anfängliche Unvermögen zum Schadensersatz wegen Nichterfüllung verpflichtet, wenn die technische Ausführbarkeit und Brauchbarkeit der Erfindung bereits von Anfang an nicht gegeben war. Der Lizenznehmer ist in diesem Falle für die Zukunft von der Entrichtung der Lizenzgebühr befreit. Sofern der Lizenzvertrag noch gar nicht zur Durchführung gelangt ist, hat der Lizenznehmer zweifellos ein Rücktrittsrecht mit der Wirkung, daß er vom Lizenzgeber die von ihm bereits erbrachten Leistungen zurückverlangen kann.

Das Rücktrittsrecht oder der Anspruch auf Schadensersatz wegen Nichterfüllung steht dem Lizenznehmer (gem. den Regeln der §§ 325, 326 BGB) auch dann zu, wenn der Mangel sich erst während der Laufzeit des Vertrages herausstellt.[21] In diesen Fällen ist möglicherweise darüber hinaus eine Vertragsanpassung wegen Wegfalls der Geschäftsgrundlage angebracht (gem. § 242 BGB).

2.4.2 Rechtsmängel

Voraussetzungen. Der Lizenzgeber ist verpflichtet, dem Lizenznehmer die lizenzierte Erfindung frei von Rechten Dritter zu verschaffen, um ihm die uneingeschränkte Benutzung daran zu ermöglichen. Darüber hinaus haftet der Lizenzgeber sowohl für den Bestand des Schutzrechtes als auch dafür, daß ein entgegenstehendes Schutzrecht nicht existiert. Die Rechtsmängelfreiheit bezieht sich bei der ausschließlichen und alleinigen Lizenz auch auf das Nichtvorhandensein von Zwangslizenzen, Vorbenutzungsrechten und einfache Lizenzen. Nießbrauch und Pfandrecht sind ebenfalls Rechtsmängel.

Haftungsumfang. Bezüglich des Umfangs der Haftung ist auch bei der Haftung für Rechtsmängel zu unterscheiden, ob diese bereits bei Vertragsschluß vorhanden und dem Lizenzgeber bekannt waren bzw. unter Beach-

---

20 BGH GRUR 1979, 768.
21 BGH GRUR 1979, 768 (770).

tung der erforderlichen Sorgfalt bekannt sein mußten oder erst danach entstanden sind.

Für Rechtsmängel bei Vertragsschluß kann der Lizenznehmer nach den pachtrechtlichen Grundsätzen auf Schadensersatz wegen Nichterfüllung klagen, der auf Aufwendungsersatz und Ersatz des entgangenen Gewinns gerichtet ist. Allerdings ist für die Haftung des Lizenzgebers – anders als bei der des Pächters, der verschuldensunabhängig haftet – erforderlich, daß er den Mangel kannte oder fahrlässig nicht kannte.

Der Lizenznehmer hat im Falle der Vernichtung der lizenzierten Erfindung nach Vertragsschluß keine Schadensersatzansprüche. Er kann lediglich die Auflösung des Lizenzvertrages für die Zukunft verlangen. In der Zeit bis zur Vernichtung hat der Lizenznehmer das Schutzrecht uneingeschränkt ausüben können und der Lizenzgeber hatte bis dahin einen begründeten Anspruch auf Zahlung der Lizenzgebühr. Bei nachträglichem Bekanntwerden der Abhängigkeit des Schutzrechtes von älteren Patenten kann der Lizenznehmer dem Lizenzgeber eine angemessene Frist zur Beseitigung des Mangels setzen. Eine solche Beseitigung könnte beispielsweise durch Erwerb des älteren Patents geschehen. Sofern das Abhängigkeitsverhältnis nicht beseitigt wird, hat der Lizenznehmer das Recht, das Vertragsverhältnis zu kündigen. Genehmigt der Inhaber des älteren Schutzrechtes die Benutzung seines Patents gegen Zahlung einer Lizenzgebühr, so ist der Lizenznehmer berechtigt, die an den Inhaber des jüngeren Schutzrechtes zu leistende Vergütung entsprechend zu mindern. Kündigungs- oder Minderungsrechte stehen dem Lizenznehmer nur beim Vorhandensein von Vorbenutzungsrechten und Zwangslizenzen zu.

2.5 Gewährleistung des Lizenznehmers

Gewährleistungsansprüche des Lizenzgebers bestehen dann, wenn das aufgrund des Lizenzvertrages hergestellte Endprodukt im Vertrieb mit dem Namen des Lizenzgebers im Zusammenhang steht. In diesen Fällen hat der Lizenzgeber ein berechtigtes Interesse daran, daß die produzierten Waren Mindestqualitäten vorweisen. Hält der Lizenznehmer diese nicht ein, so ist der Lizenzgeber zur Kündigung des Lizenzvertragsverhältnisses berechtigt.

2.6 Produzentenhaftung

Die Produzentenhaftung trifft im Regelfall grundsätzlich den Lizenznehmer, da dieser (i. S. d. § 823 BGB) Hersteller der vertriebenen Produkte ist.[22]

Der Lizenznehmer ist jedoch für die Produktion nicht immer alleinverantwortlich. Dies gilt insbesondere dann, wenn er aufgrund vertraglicher Vereinbarungen verpflichtet ist, gewisse Grundsubstanzen oder Warenteile vom Lizenzgeber zu beziehen, ohne daß er auf die Mängelfreiheit dieser Waren Einfluß hat.[23] In einem solchen Falle empfiehlt es sich, eine vertragliche Regelung zu treffen, nach der der Lizenzgeber den Lizenznehmer im Innenverhältnis von solchen Produzentenhaftungsansprüchen freihält, die auf Fehler des Lizenzgebers zurückzuführen sind. Dies setzt allerdings voraus, daß der Lizenzgeber Überwachungsmöglichkeiten bei seinem Vertragspartner hat.

2.7 Ansprüche gegen nichtberechtigte Dritte

Grundsätzlich ist der Schutzrechtsinhaber derjenige, der allein Übergriffe nichtberechtigter Dritter abwehren darf. Diese alleinige Anspruchsberechtigung steht anstelle des Schutzrechtsinhabers im Fall der ausschließlichen Lizenz dem Lizenznehmer zu.

2.7.1 Schadensersatzansprüche

Allgemeines. Zum Abschluß eines Lizenzvertrages kommt es häufig erst dann, wenn Schutzrechtsverletzungen bereits erfolgt sind. Das bisher unrechtmäßige Handeln des Produzenten wird für die Zukunft auf eine vertragliche Basis gestellt. Dem Schutzrechtsinhaber steht jedoch für die Schutzrechtsverletzungen in der Vergangenheit ein Entschädigungsanspruch zu.[24]

---

22 Diederichsen, NJW 1978, 1281 (1286).
23 Zur Produzentenhaftpflicht des Lizenzgebers vgl. Körner, NJW 1985, 3047.
24 RG GRUR 1940, 32.

Die Legitimation des Patentinhabers zur Geltendmachung dieser Schadensersatzansprüche ergibt sich aus seiner Eintragung in die Patentrolle.[25] Der Schadensersatzanspruch des Schutzrechtinhabers gegen Nichtberechtigte setzt Verschulden voraus, so daß der Anspruch nur dann besteht, wenn dem Schädiger Vorsatz oder Fahrlässigkeit nachgewiesen werden kann.

Bei der vertraglich eingeräumten ausschließlichen Lizenz hat nicht der Lizenzgeber, sondern der Lizenznehmer das Recht, den schuldhaft verursachten Schaden vom Schädiger ersetzt zu verlangen. Dies ergibt sich aus der gegen jedermann wirkenden Rechtsposition der ausschließlichen Lizenz. Infolge des nichtausschließlichen Charakters der einfachen Lizenz kann bei dieser nur der Schutzrechtsinhaber und nicht der Lizenznehmer den Schaden geltend machen.[26] Die einfache Lizenz begründet keine Ansprüche gegenüber Dritten.

Ein Schadensersatzanspruch bei Lizenzverträgen, deren Lizenzgegenstand kein Schutzrecht ist, besteht nur dann, wenn besondere Umstände vorliegen. Die Nachahmung nicht-lizenzierter Waren ist grundsätzlich nicht verboten. Es können hier allenfalls Schadensersatzansprüche aus wettbewerbsrechtlichen Gesichtspunkten entstehen.

Schadensberechnung. Der Schutzrechtsinhaber und der Lizenznehmer haben drei Alternativen zur Berechnung des durch die Schutzrechtsverletzung entstandenen Schadens.[27]

Sie sind im Wege der Lizenzanalogie berechtigt, vom Schädiger den Betrag zu verlangen, der ihnen zugestanden hätte, wenn sie mit ihm einen Lizenzvertrag abgeschlossen hätten.[28]

Der Schutzrechtsinhaber kann allerdings anstelle dieses Ausgleichs gegenüber dem Schädiger den Gewinn geltend machen, den er infolge der unzulässigen Schutzrechtsausübung erwirtschaftet hat.[29]

Schließlich hat der Schutzrechtsinhaber das Recht, seinen Schaden danach zu berechnen, daß der Verletzende den Vermögenszustand wiederherzustellen hat, der bei fehlender Verletzungshandlung bestanden hätte. Er kann demzufolge den Ersatz des entgangenen Gewinns verlangen (gem. § 252 BGB), der ihm durch die Verringerung seines eigenen Absatzes infolge der Schutzrechtsverletzung entstanden ist.[30]

---

25 RGZ 136, 320 (321).
26 RGZ 83, 93 (95).
27 RGZ 130, 108; BGHZ GRUR 1962, 509.
28 BGHZ 44, 372; BGH GRUR 1980, 841.
29 BGH DB 1980, 250; BGHZ 34, 320.
30 BGH GRUR 1962, 401 (402); BGHZ 30, 7.

Diese drei Schadensberechnungsarten dürfen jedoch nicht nebeneinander zur Berechnung eines Schadens herangezogen werden. Der Anspruch kann dem Schutzrechtsinhaber nur aufgrund einer der drei Berechnungsmethoden zuerkannt werden.

2.7.2 Unterlassungsansprüche

In allen Fällen, in denen nach der Schutzrechtsverletzung kein Lizenzvertrag für die Zukunft abgeschlossen wird, besteht neben dem Schadensersatzanspruch ein Unterlassungsanspruch. Beide Ansprüche werden in einem Prozeß zweckmäßigerweise nebeneinander geltend gemacht. Voraussetzung für diesen Anspruch ist die Beeinträchtigungs- u. Wiederholungsgefahr.[31] Auf ein Verschulden des Verletzers kommt es dabei nicht an.[32]

Anspruchsberechtigte sind sowohl der Schutzrechtsinhaber als auch der Lizenznehmer einer ausschließlichen Lizenz. Der Inhaber einer einfachen Lizenz hat lediglich gegen den Schutzrechtsinhaber einen Anspruch auf Schutz vor Übergriffen Dritter; ähnlich wie der Verpächter dem Pächter gegenüber verpflichtet ist (gemäß §§ 581 Abs. 2 i.V.m. 536 BGB), Störungen vom Pachtobjekt abzuwenden. Der Lizenzgeber ist damit nicht in der Vergabe weiterer Lizenzen beschränkt. Die weitere Lizenzeinräumung darf aber nicht dazu führen, daß ein anderer Lizenznehmer durch die geringere Zahlung von Lizenzgebühren in die Lage versetzt wird, kostengünstiger zu produzieren und auf diese Weise den ersten Lizenznehmer vom Markt zu verdrängen.

Der Unterlassungsanspruch kann im Gegensatz zum Schadensersatzanspruch nicht vom Lizenzgeber an den Lizenznehmer einer einfachen Lizenz abgetreten werden, da Unterlassungsansprüche höchstpersönliche Rechte sind.

2.8 Vorzeitige Beendigung des Lizenzvertrages

Ein außerordentliches Kündigungsrecht steht den Parteien eines Lizenzvertrages zu, wenn ein besonderes Vertrauensverhältnis zwischen den

---

31 BGH GRUR 1970, 358 (360); BGHZ 2, 394.
32 RGZ 101, 135 (138).

Parteien besteht und dieses Verhältnis dadurch gestört ist, daß eine vertrauensvolle Vertragsdurchführung nicht mehr gewährleistet ist.[33]

Die Kündigung aus wichtigem Grund kann sowohl wegen Verletzung von Hauptpflichten als auch Nebenpflichten ausgesprochen werden. Dazu gehören beispielsweise die Leistungsverweigerung, die ständige mangelhafte Lieferung durch den Lizenznehmer, Verstöße gegen die Mitwirkungspflichten sowie ständige Vertrauensbrüche. In diesen Fällen macht sich derjenige, der die Störung im Vertragsverhältnis verursacht, schadensersatzpflichtig.

2.9 Übertragung von Lizenzen

Ohne eine entsprechende vertragliche Regelung ist weder die ausschließliche noch die einfache Lizenz durch den Lizenznehmer übertragbar. Dies gilt nur für die Veräußerung von Lizenzrechten. Davon unberührt bleibt das Recht des Inhabers einer ausschließlichen Lizenz, Unterlizenzen zu erteilen. Er ist nur dann nicht dazu befugt, wenn dieses Recht durch den Lizenzvertrag ausgeschlossen ist oder der Sonderfall einer ausschließlichen Betriebslizenz gegeben ist.[34]

Der Lizenzgeber kann seine Rechte an dem Lizenzgegenstand jederzeit übertragen, da die Veräußerung nicht zu einer Beeinträchtigung der Rechte des ausschließlichen Lizenznehmers führt. Die Übertragung von Vertragsschutzrechten, die Gegenstand einer einfachen Lizenz sind, ist jedoch aufgrund der lediglich schuldrechtlichen Wirkung der einfachen Lizenzen nicht zulässig. Die Veräußerung an einen Dritten führt dazu, daß dem Lizenznehmer die Ausübung seiner Rechte versagt werden kann. Der Erwerber ist schließlich an die schuldrechtlichen Vereinbarungen zwischen Lizenzgeber und Lizenznehmer nicht gebunden.[35]

Die im Verhältnis zwischen Lizenznehmer und Lizenzgeber unzulässige Übertragung hat jedoch nicht die Unwirksamkeit der Vereinbarung zwischen Schutzrechtsinhaber und Erwerber des Schutzrechts zur Folge.[36]

Dem Lizenznehmer, der seine Rechte gegenüber dem Dritten nicht mehr geltend machen kann, steht lediglich ein Schadensersatzanspruch gegen den Lizenzgeber zu.

---

33 BGHZ 41, 104; BGH DB 1972, 2054.
34 RGZ 145, 168.
35 BGH GRUR 1982, 411.
36 RGZ 127, 198 (205).

2.10 Gesetzliche Rechtsnachfolge

Grundsätzlich können Dritte in gesetzlich normierten Fällen wie Erbfall, Fusion und gesellschaftsrechtliche Umwandlung in die Rechtspositionen der Vertragsparteien eines Lizenzvertrages eintreten. Der Rechtsübergang erfolgt kraft Gesetzes. Der Rechtsnachfolger tritt uneingeschränkt in die Rechte und Pflichten des Rechtsvorgängers ein. Dies gilt gleichermaßen für die einfache und die ausschließliche Lizenz.

Dieser Grundsatz kann allerdings dann nicht gelten, wenn die Rechtspositionen des Rechtsvorgängers im Verhältnis zum anderen Vertragsteil mit einer besonderen persönlichen Verbindung verknüpft war. Eine solche Bindung ist am Einzelfall zu prüfen. Sie dürfte aber häufig bei den Vertriebslizenzen vorliegen.[37]

2.11 Lizenzen in Konkurs und Zwangsvollstreckung

Zwangsvollstreckung. Schutzrechte, die Gegenstand eines Lizenzvertrages sind, können ebenso wie alle anderen übertragbaren Rechte verpfändet und gepfändet werden. Bei Patenten unterliegen neben den Rechten selbst auch die Rechte aus den Patentanmeldungen der Pfändung.[38]
Die Pfändung erfolgt nach den Vorschriften der Zivilprozeßordnung auf Antrag durch das Amtsgericht (§ 857 ZPO). Dem Gläubiger eines Lizenzgebers ist aus Sicherheitsgründen zu empfehlen, den Pfändungsbeschluß auch dem Patentamt zuzustellen, damit die Pfändung in den Patentunterlagen vermerkt und auf diese Weise eine erneute Veräußerung dieses Patents verhindert wird.
Das gepfändete Schutzrecht kann entweder zwangsversteigert oder aber unter Zwangsverwaltung gestellt werden (§§ 857 Abs. 5, 844 ZPO). Der Lizenznehmer hat dann die Lizenzgebühr an einen neuen Gläubiger abzuführen. Der Ersteher eines Schutzrechts im Zwangsversteigerungsverfahren tritt in die Rechte und Pflichten des ursprünglichen Lizenzgebers ein. Die Lizenz selbst bleibt aber bestehen. Eine zwangsweise Aufhebung der Lizenz durch den Erwerber ist nicht möglich.
Grundsätzlich ist nicht nur der Lizenzgeber Zwangsvollstreckungsmaßnahmen ausgesetzt. Der Lizenznehmer einer ausschließlichen Lizenz ist, sofern kein vertraglicher Ausschluß der Übertragbarkeit des Schutzrechts

---

37 Stumpf, Der Lizenzvertrag, Rdn. 27.
38 RGZ 52, 227 (233).

vorliegt oder sich ein solcher, wie beispielsweise bei der Betriebslizenz, aus der Natur der Sache ergibt, auch der Pfändung unterworfen. Dies gilt nicht für die einfache Lizenz, da es sich bei dieser um eine nicht übertragbare Rechtsposition handelt.

Konkurs. Ebenso wie bei der Zwangsvollstreckung ist die Übertragbarkeit des Schutzrechts das Kriterium für die Frage, ob Lizenzen im Konkursfall in die Konkursmasse gehören. Alle übertragbaren Lizenzen unterliegen somit dem Konkursverfahren. Da auf Lizenzverträge die für Miet- oder Pachtverhältnisse geltenden Grundsätze anwendbar sind, gelten auch im Konkursverfahren für Lizenzen die entsprechenden miet- oder pachtrechtlichen Vorschriften.

Dieser Grundsatz gilt lediglich dann nicht, wenn in Lizenzverträgen der gesellschaftsähnliche Charakter überwiegt. In diesem Falle richtet sich die Kündigung des Lizenzvertrages nach den gesellschaftsrechtlichen Vorschriften des Bürgerlichen Gesetzbuches.

Die Verfügungsbefugnis des Lizenznehmers und des Lizenzgebers endet mit der Eröffnung ihres Konkurses. Dem Lizenznehmer steht im Falle des Konkurses des Lizenzgebers ein außerordentliches Kündigungsrecht zu, wenn im Einzelfall wegen Wegfalls der Geschäftsgrundlage (gem. § 242 BGB) ein wichtiger Grund vorliegt.

Die Vertragsparteien eines Lizenzvertrages regeln jedoch sehr häufig die Beendigungsmöglichkeiten des Vertrages im Falle des Konkurses, damit Rechtsstreitigkeiten umgangen werden.

Sobald der Lizenzvertrag vollzogen worden ist, d. h. wenn der Lizenzgeber dem Lizenznehmer das Schutzrecht überlassen hat, hat der Konkursverwalter des Lizenzgebers kein Wahlrecht (gem. § 17 KO) mehr, sondern er ist an den Vertrag gebunden. Nach den gleichen Grundsätzen kann der Lizenzgeber bei Konkurs des Lizenznehmers nur vom Vertrag zurücktreten, wenn der Gegenstand des Lizenzvertrages noch nicht überlassen worden ist.

3 Steuerliche Hinweise

Geschützte und ungeschützte Erfindungen werden steuerlich gleichbehandelt.

Die Erteilung von Lizenzen ist umsatzsteuerlich eine sonstige Leistung (i.S.d. §3a Abs.4 Nr.1 UStG). Die Umsatzsteuer ist am Betriebsort des Unternehmens des Lizenznehmers zu zahlen.

Neben der Umsatzsteuer kommen bei Lizenzverträgen Ertrags- und Vermögenssteuern in Betracht.

Bilanzrechtlich gesehen werden die Lizenzgebühren beim Lizenzgeber, sofern er bilanzpflichtig ist, als Betriebseinnahmen und beim Lizenznehmer als Betriebsausgaben behandelt. Für nicht bilanzpflichtige Lizenzgeber trifft dies nicht zu, da für sie die Überschußrechnung gilt. Zu den ertragssteuerpflichtigen Leistungen gehören neben den Lizenzgebühren auch die einmaligen Zahlungen der Lizenznehmer an die Lizenzgeber.

Vermögenssteuern sind von den Lizenzgebern zu zahlen, deren Schutzrecht als Vermögenswert betrachtet werden muß. Dies gilt vor allem für Industrieunternehmen, deren Erfindung auf einen Arbeitnehmer zurückzuführen ist. Persönliche Erfinder sind von der Vermögenssteuerpflicht befreit.

4 Besonderheiten bei Auslandslizenzverträgen

Den Vertragsparteien bleibt es vorbehalten, festzulegen, welche Rechtsordnung eines Landes dem Lizenzvertrag zugrunde gelegt werden soll. Schutzrechte unterliegen dagegen nicht der freien Dispositionsbefugnis der Parteien. Da das Schutzrecht nur Wirkungen innerhalb des Staates entfaltet, in dem es angemeldet ist, richtet sich seine rechtliche Beurteilung nach den Gesetzen dieses Staates.

Beim Lizenzvertrag mit Auslandsberührung müssen die Vertragsparteien insbesondere berücksichtigen, daß die zu entrichtende Lizenzgebühr für eine der Parteien in einer fremden Währung zu entrichten und infolgedessen Kursschwankungen ausgesetzt ist. Es ist deshalb ratsam, in die Verträge Wertsicherungsklauseln aufzunehmen. Eine Vereinbarung, nach der für die Lizenzgebühr ein bestimmter Wechselkurs zugrunde gelegt wird, ist dagegen unzulässig, da auf diese Weise in staatliche Währungsmaßnahmen eingegriffen würde.

Die Besteuerung der Lizenzgebühr richtet sich danach, ob sowohl der Staat, aus dem sie stammt, als auch der Staat, in dem der Lizenzgeber lebt, Steuern auf die Lizenzgebühr erhebt. Grundsätzlich ist die Doppelbesteuerung möglich. Allerdings bestehen zwischen der Bundesrepublik Deutschland und einigen anderen Staaten Doppelbesteuerungsabkommen, in denen festgelegt ist, wer die Besteuerung vornimmt. Soweit solche Abkommen nicht vorliegen, hat der Lizenzgeber, der die Lizenzgebühr bereits in einem anderen Staat versteuern mußte, die Möglichkeit (gem. § 34 c Abs. 1 EStG), die bereits entrichtete Steuer mit der im Inland fällig werdenden aufzurechnen. Lizenzgebühren aus der DDR sind in der Bundesrepublik Deutschland steuerfrei (gem. § 3 Nr. 63 EStG).

5 Muster

5.1 Einfacher Lizenzvertrag mit Know-how-Übertragung

Diese Form eines einfachen Lizenzvertrages kommt in der Praxis häufig vor. Der Lizenzgeber will einem anderen die Benutzungsbefugnis einräumen, damit das dem Vertrag zugrundeliegende Schutzrecht von diesem für seine gewerblichen Zwecke genutzt werden kann.
(Das erste Muster, der einfache Lizenzvertrag, wird hier als umfassendes Vertragswerk ausgestaltet, d. h. es werden alle denkbaren tatsächlichen Gegebenheiten geregelt, die auch in den übrigen Lizenzverträgen ebenso normiert werden können. Die allgemeinen Vorschriften werden aus Umfangsgründen bei den übrigen Lizenzverträgen dann nicht mehr wiederholt. Sie sind übertragbar.)

Lizenzvertrag

Zwischen der _____, Bramsche-Hesepe, vertreten durch den Vorstand _____

    – nachstehend Lizenzgeberin genannt –

und
der Niedersächsichen _____, Hannover, vertreten durch den Geschäftsführer _____

    – nachstehend Lizenznehmerin genannt –

wird die folgende Vereinbarung geschlossen:

Präambel [1*]

Die Lizenznehmerin plant die Erstellung von Autolysat-Trocknungsanlagen (Sprühtürmen, im folgenden Lizenzgegenstände genannt).
Die Lizenzgeberin verfügt über Kenntnisse und Erfahrungen auf dem Gebiet der Herstellung und des Betriebes eines solchen Sprühturms. Sie ist Inhaberin mehrerer deutscher Patente, die den Sprühturm betreffen (nachfolgend als Vertragsschutzrechte bezeichnet). Die Vertragsschutzrechte sind in Kraft. Die Lizenzgeberin ist zur Erteilung der Lizenz berechtigt.

---

* Anmerkungen siehe S. 41.

§ 1 Definition

Die Definition für die dem Vertrag zugrunde gelegten Begriffe werden wie folgt festgelegt:

(1) „Gegenstand des Vertrages"[2] ist die in der Anlage 1 näher bezeichnete Autolysat-Trocknungsanlage (Sprühturm).

(2) Die „technischen Daten" sind in der Anlage 2 zu diesem Vertrag aufgelistet und umfassen alle Baupläne, Zeichnungen und sonstigen handschriftlichen oder gedruckten Konstruktionsbeschreibungen, die sich mit dem Aufbau und Betrieb des Sprühturms beschäftigen und sich im Eigentum des Lizenzgebers befinden.

(3) Das „Know-how"[3] bezeichnet alle Kenntnisse und Erfahrungen des Lizenzgebers bezüglich der Herstellung und des Betriebes des Vertragsgegenstandes, die in der Anlage 3 zu diesem Vertrag beschrieben sind.

§ 2 Lizenzumfang

(1) Die Lizenzgeberin räumt der Lizenznehmerin das nichtausschließliche Recht ein, die Vertragsschutzrechte und das Know-how in der Bundesrepublik Deutschland (im folgenden Vertragsgebiet genannt) zu nutzen.[4]

(2) Die Lizenzgeberin ist berechtigt, die Vertragsschutzrechte selbst zu nutzen und die Benutzung Dritten zu gestatten.[5]

(3) Die Lizenzerteilung erstreckt sich auf die Herstellung, den Gebrauch und den Vertrieb der Vertragsschutzrechte.[6] Die Vergabe einer ausschließlichen Lizenz an Dritte ist für die Laufzeit dieses Vertrages ausgeschlossen.

(4) Der Lizenznehmerin stehen sowohl Exportrechte als auch Mitbenutzungsrechte an den mit dem Vertragsschutzrecht korrespondierenden Schutzrechten, die die Lizenzgeberin außerhalb des Vertragsgebietes unterhält, nicht zu.

(5) Eine Verpflichtung, die durch diesen Vertrag erteilte Lizenz auszuüben, besteht nicht.[7]

§ 3 Übergabe

(1) Die Lizenzgeberin übergibt alle technischen Daten und Unterlagen an die Lizenznehmerin. Dies gilt auch für alle während der Laufzeit dieses Vertrages neu erstellten technischen Daten und Unterlagen.

(2) Die Übergabe ist abgeschlossen, wenn alle in der Anlage 2 genannten Unterlagen übergeben worden sind.

(3) Die Unterlagen sind nach Vertragsbeendigung unverzüglich zurückzugeben.

§ 4 Lizenzgebühr

(1) Die Lizenznehmerin zahlt der Lizenzgeberin eine Lizenzgebühr in Höhe von 10 % vom Nettoverkaufsbetrag. Unter „Nettoverkaufsbetrag" ist der Rechnungsbetrag zu verstehen, der sich nach Abzug von Mehrwertsteuer und Frachtkosten, allerdings ohne Berücksichtigung von Händler- und Barzahlungsrabatten ergibt.[8]

(2) Die Lizenzgebühr wird am Tag der Rechnungsstellung des Lizenznehmers für den Abnehmer fällig.[9] Zahlungsausfälle mindern die Höhe der Lizenzgebühr nicht.

(3) Die Lizenznehmerin hat unabhängig von der in dem Abs. 1 und 2 getroffenen Vereinbarungen eine Mindestlizenzgebühr von 100.000,- DM pro Jahr zu zahlen.[10]

§ 5 Lizenzgebührvorauszahlung[11]

(1) Bei Abschluß dieses Vertrages leistet die Lizenznehmerin an die Lizenzgeberin eine einmalige Vorauszahlung in Höhe von 50.000,—DM auf die in § 4 bestimmte Lizenzgebühr. Die Vorauszahlung kann nicht zurückverlangt werden.

(2) Ferner entrichtet die Lizenznehmerin einen einmaligen Betrag von 100.000,- DM für die Überlassung der technischen Unterlagen und des beschriebenen „Know-hows". Dieser Betrag kann ebenfalls nicht zurückerstattet werden.

§ 6 Buchführungspflicht[12]

(1) Die Lizenznehmerin hat über die Herstellung und den Vertrieb der Lizenzgegenstände genauestens Buch zu führen. Aus der Buchführung müssen für die Lizenzgeberin jederzeit die produzierten und vertriebenen Stückzahlen sowie die entsprechenden Lieferanten ersichtlich sein.

(2) Die Lizenzgeberin hat das Recht, die Richtigkeit der Durchführung durch einen zur Verschwiegenheit verpflichteten Buchprüfer ihrer Wahl in halbjährlichen Abständen, jeweils zum 31. Januar und 31. Juli, überprüfen zu lassen. Die dadurch entstehenden Kosten trägt grundsätzlich die Lizenzgeberin. Die Kostenlast verändert sich jedoch dann zu Lasten der Lizenznehmerin, wenn der Buchprüfer Unrichtigkeiten in der Buchführung feststellt.

§ 7 Lizenzgebührenabrechnung und Abrechnungskontrolle

(1) Die Lizenznehmerin übersendet innerhalb von 10 Tagen nach Abschluß eines Kalenderjahres die Abrechnung über die geschuldete Lizenzgebühr. Die Überweisung der fälligen Lizenzgebühr erfolgt innerhalb von weiteren 10 Tagen auf das Konto der Lizenzgeberin.[13] Die Lizenzgeberin ist berechtigt, ab dem Fälligkeitstag 5 Prozent Verzugszinsen über dem jeweiligen Diskontsatz der Deutschen Bundesbank zu erheben, ohne daß eine Mahnung erforderlich ist.

(2) Mit der Abrechnung übersendet die Lizenznehmerin von sämtlichen Verkaufsrechnungen Duplikate an die Lizenzgeberin.[14]

(3) Stellt sich heraus, daß die Abrechnung nicht ordnungsgemäß erfolgte, ist die Lizenznehmerin verpflichtet, eine Vertragsstrafe in Höhe des Wertes der Mindestlizenzgebühr zu zahlen.

§ 8 Lizenzgebühren nach Vertragsbeendigung

Die Lizenznehmerin hat innerhalb von 10 Tagen nach Beendigung des Vertrages der Lizenzgeberin die endgültige und abschließende Abrechnung zu übersenden und die restliche Lizenzgebühr auf das Konto der Lizenzgeberin zu überweisen.

§ 9 Meistbegünstigung[15]

(1) Die Lizenzgeberin hat der Lizenznehmerin auf Verlangen für den Fall, daß Dritten nach Abschluß dieses Vertrages günstigere Bedingungen hinsichtlich der Lizenzgebühren eingeräumt werden, auch der Lizenznehmerin günstigere Konditionen einzuräumen. Die Lizenzgeberin ist verpflichtet, die Lizenznehmerin unverzüglich vom Beginn solcher Lizenzverträge und von der Höhe der vereinbarten Lizenzgebühr in Kenntnis zu setzen. Die Meistbegünstigung erstreckt sich lediglich auf die Lizenzgebühr. Andere Vereinbarungen wie beispielsweise Abschlußzahlungen usw. sind nicht von ihr erfaßt.

(2) Verstößt die Lizenzgeberin gegen diese Bestimmung, so zahlt sie unabhängig von weitergehenden Schadensersatzansprüchen an die Lizenznehmerin eine Vertragsstrafe in Höhe von 50.000,– DM.

§ 10 Unterlizenzen

Der Lizenznehmerin ist die Erteilung von Unterlizenzen nur gestattet, wenn die Lizenzgeberin vorher schriftlich zugestimmt hat.

§ 11 Bezugsbindung[16]

Die Lizenznehmerin verpflichtet sich, die in der Anlage 3 aufgeführhrten Einzelteile für die Herstellung des lizenzierten Gegenstandes von der Lizenzgeberin zu beziehen.

§ 12 Produkthaftpflicht

(1) Die Lizenznehmerin gewährleistet, daß der Lizenzgegenstand den Qualitätsanforderungen der Lizenzgeberin entspricht. Die Lizenzgeberin hat ein ständiges Kontrollrecht, das ihr persönlich während der Arbeitszeit der Lizenznehmerin in deren Produktionsstätten zusteht.[17]

(2) Die Lizenznehmerin hat für die Produkthaftpflicht jeder Art nur insoweit einzustehen, als der Schaden nicht auf die von der Lizenzgeberin hergestellten Einzelteile zurückzuführen ist.

(3) Die Lizenzgeberin hat das Recht, der Lizenznehmerin die Produktionen minderwertiger Lizenzgegenstände zu untersagen.

§ 13 Technische Hilfe[18]

(1) Die Lizenzgeberin verpflichtet sich, die Lizenznehmerin auf deren Bitte bei Planung, Errichtung und ggf. auch Betrieb des Vertragsgegenstandes zu beraten und zu unterstützen. Sie ist insbesondere bereit, Fachpersonal nach Maßgabe einer dann noch zu treffenden Vereinbarung an die Lizenznehmerin abzustellen.

(2) Die Weisungsbefugnis hinsichtlich des abzustellenden Fachpersonals erfolgt ausschließlich durch die Lizenzgeberin.

(3) Die Kosten der technischen Hilfestellung, einschließlich der anfallenden Versicherungsbeträge, trägt die Lizenznehmerin.

§ 14 Vervielfältigung von Lizenzunterlagen

(1) Der Lizenznehmerin ist es gestattet, Kopien von den technischen Daten anzufertigen. Die Kopien sind jedoch ausschließlich zum Gebrauch der Lizenznehmerin bestimmt und von dieser mit einem Vertraulichkeitsvermerk[19] zu versehen.

(2) Zu den Lizenzunterlagen gehören alle mit dem Lizenzgegenstand im Zusammenhang stehenden und der Lizenznehmerin übergebenen Papiere.

§ 15 Zusammenarbeit

Die Vertragsparteien verpflichten sich gegenseitig zur Förderung des Lizenzgegenstandes, ohne daß dadurch ein gesellschaftsrechtliches Verhältnis begründet wird.[20] *Die Zusammenarbeit umfaßt u. a., daß beide Vertragsparteien sich gegenseitig über Verbesserungen und Veränderungen des Lizenzgegenstandes in Kenntnis setzen sowie gegenseitig bei der Verteidigung des Schutzrechts unterstützen.*

§ 16 Verbesserungen und Veränderungen

(1) Die Lizenznehmerin ist mit Ausnahme von konstruktiven Veränderungen berechtigt, den Lizenzgegenstand weiterzuentwickeln bzw. zu verändern und zu verbessern. Sofern die Verbesserung zu mehr als 50%[21] *auf die Arbeit der Lizenznehmerin zurückzuführen ist, wird sie als Miterfinderin genannt und erhält eine Mitinhaberschaft am neu anzumeldenden Schutzrecht.*

(2) Werden von der Lizenzgeberin Verbesserungen vorgenommen, ist sie verpflichtet, die Lizenz der Lizenznehmerin zu den in diesem Vertrag genannten Bedingungen einzuräumen, sofern die Lizenznehmerin dies wünscht. Gleiches gilt für die von der Lizenznehmerin vorgenommenen Verbesserungen. Der Lizenzgeberin ist dann ebenfalls die Lizenznahme zu ermöglichen.[22]

§ 17 Lizenzvermerk[23]

Die Lizenznehmerin verpflichtet sich, die von ihr hergestellten und vertriebenen Lizenzgegenstände mit folgendem Vermerk zu versehen: „Hergestellt unter Lizenz der _____." Des weiteren ist jeder Vertragsgegenstand mit einer fortlaufenden Nummer zu versehen.

§ 18 Preisbindung[24]

Die Lizenznehmerin darf die Vertragsgegenstände nicht unter dem Lizenzpreis der Lizenzgeberin verkaufen.

§ 19 Gewährleistungsausschluß[25]

Die Lizenzgeberin gewährleistet nicht die Richtigkeit und die Fehlerfreiheit des übermittelten Know-hows und der technischen Unterlagen. Ebensowenig wird eine Gewähr für die Vollständigkeit der technischen Daten und die Unabhängigkeit der Lizenzgegenstände von Schutzrechten Dritter übernommen.

§ 20 Nichtigerklärung und Erlöschen des Vertragsschutzrechtes[26]

(1) Die Gültigkeit des Vertrages bleibt von einer rechtskräftigen Nichtigerklärung eines Vertragsschutzrechtes unberührt. Der Lizenznehmerin steht lediglich das Recht zu, innerhalb von drei Monaten nach Rechtskraft eine Anpassung der Lizenzgebühren zu verlangen oder den Vertrag mit sofortiger Wirkung zu kündigen. Eine Vertragsanpassung kann innerhalb der genannten Frist auch verlangt werden, wenn die Vertragsschutzrechte beschränkt werden oder sich deren Abhängigkeit von einem anderen Schutzrecht herausstellt und die Abhängigkeit andauert.

(2) Der Vertrag bleibt auch vom Erlöschen der Vertragsschutzrechte unberührt. Der Lizenznehmerin steht lediglich ein sofortiges Kündigungsrecht zu.

§ 21 Nichtangriffsabrede[27]

Die Lizenznehmerin verpflichtet sich, während der Vertragsdauer weder direkt noch indirekt den Bestand der Vertragsschutzrechte anzugreifen oder Dritte bei einem Angriff zu unterstützen. Die Verpflichtung erstreckt sich auch darauf, keine Löschungsanträge gegen das Vertragsschutzrecht zu stellen.

§ 22 Verteidigung der Schutzrechte[28]

(1) Die Lizenzgeberin verteidigt jeden Angriff Dritter gegen die Vertragsschutzrechte. Die entstehenden Kosten werden von den Parteien je zur Hälfte getragen.

(2) Eingeklagte Schadensersatzzahlungen werden zwischen den Vertragsparteien ebenfalls geteilt.

§ 23 Vertragsdauer und Vertragsbeendigung[29]

(1) Dieser Vertrag beginnt am _____ *und hat eine Laufzeit von zunächst 10 Jahren. Wird er danach von keiner der Vertragsparteien bis sechs Monate vor Ablauf eines Jahres gekündigt, so verlängert sich der Vertrag jeweils um ein weiteres Jahr.*

(2) Ein außerordentliches Kündigungsrecht besteht neben dem in § 20 genannten wichtigen Grund innerhalb einer Frist von vier Wochen nach Bekanntwerden des Kündigungsgrundes nur in den folgenden Fällen:[30]

1. Die Lizenzgeberin ist zur Kündigung aus wichtigem Grund berechtigt, wenn die Lizenznehmerin
   a) in Konkurs gerät;
   b) ihrer Lizenzgebührenzahlungspflicht gemäß § 4 dieses Vertrages ganz oder teilweise in drei aufeinanderfolgenden Monaten nicht nachkommt. Die Regeln des Verzuges sind entsprechend anzuwenden;
   c) das Vertragsgebiet nicht einhält;
   d) trotz Abmahnung wesentliche Verpflichtungen des Vertrages nicht einhält.

2. Die Lizenznehmerin ist zur fristlosen Kündigung berechtigt, wenn der Absatz der Vertragsgegenstände wirtschaftlich unmöglich ist.

§ 24 Rechtsverhältnisse nach Vertragsbeendigung

Wird der Vertrag nach den in § 23 getroffenen Vereinbarungen vorzeitig beendet, so gelten neben den im Vertrag außerhalb dieser Vorschrift geregelten Abwicklungsbestimmungen[31] folgende Grundsätze:

1. Vom Tag der Vertragsbeendigung an darf die Lizenznehmerin keine weiteren Vertragsgegenstände produzieren.
2. Der Vertrieb der bereits hergestellten Vertragsgegenstände bleibt davon unberührt. Die Lizenzgeberin hat allerdings ein Vorkaufsrecht zu 10% unter dem bisher üblichen Nettoverkaufspreis.
3. Die Lizenznehmerin ist auch nach Beendigung des Vertragsverhältnisses zwischen den Parteien zur Geheimhaltung[32] verpflichtet.
4. Bestehende Unterlizenzverträge werden mit allen Rechten und Pflichten auf die Lizenzgeberin übertragen.

§ 25 Rechtsnachfolge

(1) Die Lizenzgeberin darf diesen Vertrag und die Vertragsschutzrechte einschließlich aller Rechte und Pflichten nur dann übertragen, wenn ihre Rechtsnachfolger im Vertragsgebiet keine unmittelbaren Mitbewerber der Lizenznehmerin sind.

(2) Die Lizenznehmerin darf diesen Vertrag nur nach vorheriger schriftlicher Zustimmung durch die Lizenzgeberin an Dritte veräußern oder in Handelsgesellschaften einbringen.[33] *Die Zustimmung darf nur aus wichtigem Grund verweigert werden.*

§ 26 Salvatorische Klausel

Sollten sich einzelne Bestimmungen dieses Vertrages als unwirksam erweisen, so wird dadurch die Rechtsgültigkeit dieses Vertrages im übrigen nicht berührt.

§ 27 Schlußbestimmungen

(1) Eine Änderung oder Ergänzung dieses Vertrages wird vorbehalten, wenn dies infolge Änderungen der einschlägigen Gesetze, behördlichen Beanstandungen oder aus anderen Gründen erforderlich wird. Änderungen und Ergänzungen bedürfen der Schriftform.[34]

(2) Mündliche Abreden zu diesem Vertrag bestehen nicht.

(3) Über sämtliche Streitigkeiten zwischen der Lizenzgeberin und der Lizenznehmerin, die sich aus diesem Vertrag ergeben, entscheidet unter Ausschluß des ordentlichen Rechtsweges ein Schiedsgericht.[35] *Der Schiedsvertrag, der alles weitere regelt, wird gleichzeitig zur besonderen Urkunde abgeschlossen und dem Vertrag als Anlage 4 beigefügt.*[36]

(4) Die Kosten dieses Vertrages und seiner Durchführung trägt die Lizenznehmerin.

(Ort, Datum)   *(Unterschriften)*

Anmerkungen

1) Das Voranstellen einer Präambel hat sich in der Praxis bewährt. In der Präambel sollten der Vertragszweck, die Vorstellungen der Parteien und vor allem der Entwicklungsstand sowie die Schutzrechtslage, d. h. Stand des Anmeldeverfahrens, Vorbenutzungsrechte Dritter und Abhängigkeitsverhältnisse zu anderen Patenten geregelt werden.

2) Der Lizenzgegenstand wird zweckmäßigerweise wegen der Übersichtlichkeit in einer gesonderten Anlage näher bezeichnet.

3) Eine genaue Definition des Begriffs „Know-how" gibt es im deutschen Recht nicht. Es unterliegt der freien Vereinbarung der Parteien, was darunter zu verstehen ist. Zum „Know-how" gehören in der Regel Kenntnisse des Lizenzgebers über Montage-, Inbetriebnahme- und Fertigungsvorgänge. Das Knowhow umfaßt neben dem technischen Wissen möglicherweise auch kaufmännische und betriebswirtschaftliche Erkenntnisse. Insgesamt handelt es sich um Wissen, das nicht unmittelbar vom Schutzrecht erfaßt wird. Stumpf (Rdn. 18) versteht darunter Kenntnisse, „deren Benutzung dem Know-how-Nehmer Produktion und Vertrieb von Gegenständen, aber auch sonstige betriebliche Tätigkeiten, wie Organisation und Verwaltung ermöglichen". Wettbewerbsbeschränkende Klauseln können in den Lizenzverträgen im Zusammenhang mit dem Know-how nur aufgenommen werden, wenn das technische Wissen noch geheim ist (BGH GRUR 1980, 750).

4, 5, 6) Nach der in diesen Vereinbarungen getroffenen vertraglichen Regelung handelt es sich bei der vorliegenden einfachen Lizenz um eine für ein bestimmtes Gebiet gegebene Herstellungs-, Gebrauchs- und Vertriebslizenz.

7) Jeder Lizenzvertrag sollte aus Gründen der Rechtsklarheit eine Regelung darüber enthalten, ob eine Nichtausübungs- oder Ausübungspflicht besteht. Im Falle des Fehlens einer solchen Vereinbarung entstehen Probleme bei der Vertragsauslegung. Die vertragliche Ausübungspflicht und vor allem deren Umfang kommt gerade bei ausschließlichen Lizenzen in Betracht.

8) Zur Vermeidung von Streitigkeiten zwischen den Parteien des Lizenzvertrages ist genauestens zu definieren, nach welcher Berechnungsgrundlage sich die Lizenzgebühr berechnet. In der Bemessung der Lizenzgebühren sind die Parteien grundsätzlich frei (BGH GRUR 1979, 308).

9) Hier wäre die alternative Regelung denkbar, daß die Lizenzgebühr erst nach Zahlung durch den Abnehmer fällig wird. Dies ist aber für die Lizenzgeber schwieriger zu kontrollieren, so daß die im Vertragstext getroffene Regelung empfehlenswert ist.

10) Die Eingehung einer Mindestlizenzgebühr birgt für den Lizenznehmer die Gefahr in sich, daß er unabhängig vom tatsächlichen Jahresgewinn die Gebühr in dieser Höhe entrichten muß. Der mögliche Einwand, er habe sich bei der Eingehung dieser Vereinbarung über den möglichen Gewinn getäuscht, ist unerheblich und führt insbesondere nicht zu einer Anpassung oder Aufhebung die-

ser Klausel nach § 242 BGB (BGH GRUR 1978, 166). Der Lizenznehmer hat allerdings die Schutzmöglichkeit, von vornherein ein Kündigungsrecht mit in den Vertrag aufzunehmen, das ihm das Lösen vom Vertrag gewährt, wenn der tatsächliche Erlös die Mindestlizenzgebühr in zwei aufeinanderfolgenden Jahren unterschreitet.

11) Die Einmalvorauszahlung (lump sum) ist die Gegenleistung des Lizenznehmers für die Entwicklungskosten des Lizenzgebers.

12) Die Buchführungspflicht des Lizenznehmers ist ein Kontrollmechanismus zugunsten des Lizenzgebers, der seine besondere Ausprägung in der in Abs. 2 getroffenen Regelung findet. Die Vertragsparteien können das Kontrollrecht des Lizenzgebers jedoch insoweit einschränken, als dieses ausgeschlossen ist, wenn der Lizenznehmer den Bericht eines vereidigten Wirtschaftsprüfers vorlegt. Ohne eine ausdrückliche Vereinbarung besteht kein grundsätzliches Kontrollrecht des Lizenzgebers (BGH GRUR 1961, 466).

13) Bei Auslandslizenzverträgen empfiehlt es sich ferner, eine entsprechende Währungsklausel zu vereinbaren, damit die Kursschwankungen berücksichtigt werden. Eine solche Klausel könnte beispielsweise lauten: „Die Lizenzgebühr richtet sich nach dem Wechselkurs, der am letzten Tag der Abrechnungsperiode galt."

14) Dies ist die einfachste Kontrollmöglichkeit hinsichtlich der ordnungsgemäßen Abrechnung durch den Lizenznehmer.

15) Zweck einer solchen Meistbegünstigungsklausel, die in einfachen Lizenzverträgen zu finden ist, ist der Schutz des Lizenznehmers vor einer Schlechterstellung gegenüber am Markt konkurrierenden Mitbewerbern (BGH GRUR 1965, 595). Die Rechtsprechung sieht in dieser Klausel jedoch zugleich die Pflicht des Lizenzgebers gegen die Verletzer vorzugehen (BGH GRUR 1965, 595). Kartellrechtlich bestehen gegen eine solche Meistbegünstigungsklausel allerdings Bedenken. Während die deutsche Rechtsprechung eine solche Klausel für unzulässig hält (BGH GRUR 1981, 605), hat die strengere EG-Kommission sie ausdrücklich zugelassen (GRUR Int. 1975, 44). Rechtsfolge der Nichtbeachtung dieser Klausel durch den Lizenzgeber ist neben der vereinbarten Zahlung der Vertragsstrafe die Nichtzahlung der Lizenzgebühr durch den Lizenznehmer (BGH GRUR 1965, 591), denn die Gegenleistung für die Lizenzgebühr, d. h. die Monopolstellung, ist weggefallen.

16) Eine solche Klausel ist kartellrechtlich unbedenklich, wenn dies aufgrund des Interesses des Lizenzgebers an einer technisch einwandfreien Ausnutzung der Erfindung notwendig ist.

17) Die Kontrollrechte bezüglich der Qualität kann der Lizenzgeber auch dadurch ausüben, daß jeder zwanzigste Gegenstand vom Lizenznehmer zur Prüfung vorgelegt wird. Allerdings bedarf diese Regelung einer zusätzlichen Überwachung, damit die Einhaltung dieser Vereinbarung gewährleistet ist. Zur Vermeidung von Streitigkeiten über den Inhalt der Qualität ist es zweckmäßig, diesen in einer gesonderten Anlage zum Lizenzvertrag durch eine Verarbeitungs- und

Güterichtlinie festzulegen.

18) Die Förderungspflicht des Lizenzgebers und damit die Einweisung in das Herstellungsverfahren ergibt sich bereits aus allgemein geltenden Vertragsgrundsätzen, so daß eine ausdrückliche Vereinbarung in der hier vorliegenden Form entbehrlich sein kann. Allerdings sollte aus Gründen der Klarheit jeder Lizenzvertrag eine Regelung über die Kostenverteilung hinsichtlich der technischen Hilfestellung enthalten. Der Einsatz von Fachpersonal des Lizenzgebers bezüglich Zahl und Qualifikation ist je nach Umfang der technischen Hilfe in einer gesonderten Anlage zum Lizenzvertrag festzulegen.

19) Der Vertraulichkeitsvermerk sollte schon deshalb auf allen Unterlagen angebracht werden, damit der Vertraulichkeitscharakter auch nach Ablauf des Lizenzvertrages erhalten bleibt.

20) Dieser Zusatz ist erforderlich, um deutlich zu machen, daß zwischen den Vertragsparteien trotz des persönlichen Zusammenwirkens ein „gesellschaftsähnliches Rechtsverhältnis", das die gesellschaftsrechtlichen Rechtsfolgen auslöst, nicht gewollt war. Fehlt ein solcher Zusatz, geht die Rechtsprechung von einem solchen Rechtsverhältnis aus. Die Zusammenarbeitsklausel soll in der Regel jedoch lediglich eine Nebenabrede sein, die vielmehr die gegenseitigen Verpflichtungen ergänzt.

21) Der Prozentsatz ist beliebig veränderbar.

22) Die Zulässigkeit dieser Klausel hängt von dem hier gegebenen gegenseitigen Lizenzversprechen ab. Das einseitige Lizenzversprechen führt nach § 20 Abs. 2, S. 3 GWB zur Nichtigkeit einer solchen Klausel.

23) Eine solche Vereinbarung liegt im Interesse des Lizenzgebers, der dadurch seinen Ruf als Erfinder erhalten möchte. Diese Klausel ist kartellrechtlich unbedenklich. Die Kennzeichnungspflicht kann durch eine Vertragsstrafe abgesichert werden. Es bleibt der freien Parteivereinbarung überlassen, ob der Vermerk auf dem Gegenstand selbst oder auf der Verpackung anzubringen ist. Die Verpflichtung zur Kennzeichnung schließt dagegen nicht aus, daß der Lizenznehmer das Produkt mit seinem eigenen Firmennamen kennzeichnet. Ein solches Verbot ist nur dann zulässig, wenn der Lizenznehmer seine Herstellereigenschaft auf dem Lizenzgegenstand deutlich machen darf.

24) Die Preisbindungsklausel ist kartellrechtlich unbedenklich, da sie ohnehin nur den Lizenznehmer und den Erwerber, aber nicht Dritte bindet.

25) Da es an einer gesetzlichen Regelung der Lizenzverträge hinsichtlich der Gewährleistungsansprüche fehlt, sollte jeder Lizenzvertrag eine Klausel bezüglich dieses Problemkreises enthalten. Alternativ wäre unter der Überschrift Mängelhaftung die folgende Klausel denkbar: „Der Lizenzgeber versichert, daß ihm Rechtsmängel an dem Vertragsschutzrecht und Sachmängel der dieser zugrundeliegenden Erfindung nicht bekannt sind. Eine Haftung für Freiheit von Mängeln jeder Art wird jedoch nicht übernommen" (Pagenberg, S. 23). Ist der Lizenzgeber dagegen zu einer anderen Regelung bereit, so kann er dafür einstehen, daß die Erfindung fabrikmäßig herstellbar und kaufmän-

nisch en gros verkaufbar ist. Stellt sich später heraus, daß der Lizenzgeber die Garantie nicht erfüllen kann, so hat der Lizenznehmer ein Rücktrittsrecht, sofern der Vertrag noch nicht durchgeführt worden ist. (BGH GRUR 1965, 298). Stellen sich die Mängel erst nach bereits aufgenommener Produktion heraus, so kann der Lizenznehmer den Vertrag mit Wirkung für die Zukunft kündigen (BGH GRUR 1959, 616 [617]).

26) Diese Klausel beinhaltet nicht grundsätzlich die Aussetzung der Lizenzgebühren. Bereits fällige Lizenzgebühren sind trotz Nichtigerklärung oder Erlöschen des Vertragsschutzrechts zu entrichten (BGH GRUR 1983, 237). Die Zahlungspflicht endet erst für die nach Rechtskraft der Nichtigerklärung fällig werdenden Lizenzgebühren. Aus diesem Grunde besteht auch die Kündigungsmöglichkeit für diese Fälle erst nach Eintritt der Rechtskraft.

27) Im vorliegenden Muster ergibt sich die Nichtangriffsabrede bereits aus § 15 des Lizenzvertrages. Nach den Grundsätzen von Treu und Glauben beinhaltet schon die Zusammenarbeitsvereinbarung unter dem Gesichtspunkt der unzulässigen Rechtsausübung die Unzulässigkeit des Angriffs während des Bestehens des Lizenzvertrages (BGH GRUR 1956, 264; BGH GRUR 1957, 482). Die Nichtigkeitsklage ist auch ohne ausdrückliche Regelung aus denselben Erwägungen heraus unzulässig, wenn das Lizenzverhältnis gesellschaftsrechtlichen Charakter hat. Die Verpflichtungen aus dieser Klausel erstrecken sich auch auf die Gesellschafter einer GmbH, wenn die Lizenznehmerin wie hier eine GmbH ist (BGH GRUR 1956, 264). Die Nichtangriffsabrede stellt dann keine Wettbewerbsbeschränkung i. S. d. Art. 85 Abs. 1 EWG-Vertrag dar, wenn mit dem Vertrag, der die Nichtangriffsabrede enthält, eine kostenlose Lizenz erteilt wird und der Lizenznehmer daher nicht die mit der Gebührenzahlung zusammenhängenden Wettbewerbsnachteile zu tragen hat. Dasselbe gilt, wenn die Lizenz zwar kostenpflichtig erteilt worden ist, sich aber auf ein technisch überholtes Verfahren bezieht, von dem das Unternehmen, das die Verpflichtung, das Patent nicht anzugreifen, eingegangen ist, keinen Gebrauch gemacht hat (EuGH RIW 1988, 900).

28) Diese Klausel ist eine Ergänzung zur Zusammenarbeitsvereinbarung in § 15 des Vertrages und regelt die Modalitäten der Verteidigung der Schutzrechte. Die Kostenregelung kann von der hier vorgestellten abweichen. Die Abwälzung der Kostenlast ist mit einer entsprechenden Regelung auch auf den Lizenzgeber allein möglich. Bei einer Kostenteilung sollte jedoch unbedingt eine Vereinbarung über die Verteilung der eingeklagten Schadensersatzzahlungen getroffen werden. Die Halbierung der Kosten und des Schadensersatzes erscheint angemessen, da beide Vertragsparteien durch die Schutzrechtsverletzung geschädigt werden.

29) Grundsätzlich enden Patentlizenzverträge mit Ablauf des lizenzierten Patents. Sind in einem Vertrag mehrere Patente zusammengefaßt, fällt der Beendigungszeitpunkt auf den Tag, an dem das letzte lizenzierte Patent abläuft. Eine über diesen Zeitpunkt hinausgehende Vertragsdauer ist nur zulässig, wenn, wie im vorliegenden Vertragsmuster, dem Lizenznehmer neben dem Patent die Nutzung des noch immer geheimen Know-hows eingeräumt worden ist (BGH GRUR 1975, 162, 205). Andernfalls sollte für den vorliegenden Vertrag folgende

Klausel aufgenommen werden: „Der Vertrag endet ferner an dem Tag, an dem das letzte Vertragsschutzrecht nicht mehr in Kraft ist."

30) Es empfiehlt sich hier die außerordentlichen Kündigungsgründe abschließend aufzuzählen, um späteren Streit über das Vorliegen von wichtigen Gründen auszuschließen. Das außerordentliche Kündigungsrecht kann grundsätzlich nicht durch eine vertragliche Regelung ausgeschlossen werden (BGH GRUR 1959, 616 [617]).

31) Dazu gehören beispielsweise die Vorschriften in § 3 über die Rückgabe von Unterlagen und in § 8 hinsichtlich der Lizenzgebühren nach Vertragsbeendigung.

32) Eine solche Klausel ist kartellrechtlich unbedenklich. Zur Geheimhaltungsvereinbarung vgl. unten Muster 5.11, S. 81.

33) Das Erfordernis der schriftlichen Zustimmungserklärung führt zu einer Betriebslizenz mit dem Charakter einer persönlichen Lizenz. Das Zustimmungserfordernis kann nicht für die Erbfolge vereinbart werden, da diese kraft Gesetzes eintritt. Allerdings ist bei einfachen Lizenzen eine Vereinbarung dahingehend möglich, daß die Übertragung durch den Lizenzgeber ebenfalls der Zustimmung des Lizenznehmers bedarf. Bei ausschließlichen Lizenzen kann dies nicht vereinbart werden, da der Lizenznehmer durch die Übertragung in seiner Rechtsstellung nicht beeinträchtigt wird (vgl. insoweit die Ausführungen in den Grundzügen S. 27).

34) Die Nebenabreden sollten schon im Hinblick auf § 34 GWB von der Schriftform abhängig gemacht werden.

35) Die Schiedsklausel empfiehlt sich schon deshalb, weil die für Vertragsstreitigkeiten zuständigen ordentlichen Gerichte in der Regel über besondere Kenntnisse auf dem Gebiet des Lizenzrechts nicht verfügen. Darüber hinaus ist der Weg über ein Schiedsgericht kostengünstiger und die Entscheidung schneller zu erwarten, da der ordentliche Rechtsweg durch alle Instanzen etwa 5 – 10 Jahre dauert.

36) Der besondere Schiedsvertrag ist gem. § 1027 Abs. 1 ZPO erforderlich, da andernfalls die Schiedsklausel unwirksam wäre.

5.2 Schiedsvertrag

Zwischen der _____ , Bramsche-Hesepe
und
der Niedersächsischen _____ , Hannover
wird folgender Schiedsvertrag geschlossen:

In § 27 Abs. 3 ihres Lizenzvertrages haben die Parteien vorgesehen, daß Streitigkeiten zwischen ihnen aus diesem Vertrag unter Ausschluß des Rechtsweges durch ein Schiedsgericht entschieden werden sollen. Aus diesem Grunde wird folgendes vereinbart:

1. Das Schiedsgericht besteht aus je einem von den Parteien zu benennenden Schiedsrichter und einem Schiedsobmann, der vom Präsidenten der Handelskammer in Hannover zu benennen ist.

2. Beabsichtigt eine Partei das Schiedsgericht anzurufen, so hat sie die Gegenpartei unter Benennung eines Schiedsrichters und unter schriftlicher Bezeichnung des Streitgegenstandes nebst Antragstellung und Begründung aufzufordern, innerhalb von 14 Tagen ihrerseits einen Schiedsrichter zu bezeichnen. Benennt die Gegenpartei binnen dieser Frist keinen Schiedsrichter, so ist auch dieser vom Präsidenten der Handelskammer Hannover zu benennen.

3. Im übrigen gelten für das schiedsgerichtliche Verfahren die §§ 1025 ff. ZPO. Für die Hinterlegung des Schiedsspruchs und sonstige vom ordentlichen Gericht vorzunehmende Handlungen ist das Landgericht Osnabrück zuständig.

4. Alle Schreiben und Schriftsätze sind an den Schiedsobmann in dreifacher Ausfertigung zu übergeben.

5. Die Vergütung der Schiedsrichter richtet sich nach der Bundesrechtsanwaltsgebührenordnung. Der Schiedsobmann erhält eine 13/10, die Schiedsrichter erhalten jeweils eine 10/10 Gebühr nebst Auslagen.

6. Jede Partei hat nach Aufforderung durch das Schiedsgericht die Hälfte der voraussichtlich erwachsenden Schiedsgerichtskosten vorschußweise an den Schiedsobmann zu zahlen.

7. Zuständiges Gericht im Sinne des § 1045 ZPO ist das Landgericht Osnabrück.

_____   _____
      (Ort, Datum)   (Unterschriften)

5.3 Ausschließliche Lizenz

5.3.1 Ausschließliche Patentlizenz

Präambel

Diesem Vertrag wird folgendes vorausgeschickt:

Die Firma BRX, die Lizenzgeberin, hat einen Personalcomputer (im nachfolgenden Vertragsgegenstand genannt) entwickelt. Diese Erfindung ist am 25. 5. 1986 beim Deutschen Patentamt unter der Patentnummer 123 589 angemeldet worden. Die Bekanntgabe der Patentanmeldung erfolgte am 1. 7. 1986, die der Patenterteilung am 30. 6. 1987.

Die Lizenzgeberin erteilt mit diesem **Vertrag** *erstmals eine Lizenz.*

§ 1 Umfang der Lizenz

(1) Die Lizenzgeberin erteilt der Lizenznehmerin die ausschließliche persönliche Lizenz für die Herstellung, den Gebrauch und den Vertrieb der Vertragsgegenstände in der gesamten Bundesrepublik einschließlich West-Berlin.

(2) Die Lizenzgeberin ist aber weiterhin berechtigt, die Vertragsgegenstände im genannten Vertragsgebiet selbst herzustellen, zu gebrauchen und zu vertreiben.[1*]

§ 2 Lizenzeintragung[2]

Die Lizenznehmerin ist nach Vollmachterteilung durch die Lizenzgeberin verpflichtet, auf ihre Kosten die Eintragung der Lizenz in die Patentrolle zu beantragen.

§ 3 Ausübungspflicht[3]

Die Lizenznehmerin ist zur Lizenzausübung und Produktion von 3000 Vertragsgegenständen jährlich verpflichtet. Sie darf ferner keine Konkurrenzerzeugnisse herstellen oder verkaufen.[4]

---

* Anmerkungen siehe S. 49 f.

§ 4 Lizenzgebühr[5]

(1) Die Lizenznehmerin zahlt einen Betrag von 500,– DM pro hergestelltem Vertragsgegenstand an die Lizenzgeberin.

(2) Die Lizenzgebühr ist fällig, wenn der Vertragsgegenstand fertiggestellt ist.

(3) Von dem an die Lizenzgeberin zu zahlenden Betrag sind 50,– DM pro hergestelltem Vertragsgegenstand in Abzug zu bringen und an Herrn _____ zu zahlen.[6]

(4) Die Abrechnung über die Lizenzgebühr erfolgt vierteljährlich jeweils zum letzten Tag eines Quartals. Die Lizenzgebühr ist spätestens mit Ablauf des folgenden Monats auf das Konto _____ der Lizenzgeberin bei der Volksbank Hildesheim einzuzahlen.

§ 5 Aufrechterhaltung des Patents

Die Lizenzgeberin ist verpflichtet, das dem Vertrag zugrundeliegende Patent aufrechtzuerhalten. Die Lizenznehmerin zahlt im Namen der Lizenzgeberin die Jahresgebühr.[7]

§ 6 Auslaufklausel[8]

Die Lizenzgeberin räumt der Lizenznehmerin das Recht ein, bereits vor Beendigung des Lizenzvertrages abgeschlossene Geschäfte hinsichtlich des Vertragsgegenstandes auch nach Beendigung dieses Vertrages zu den vereinbarten Bedingungen auszuführen.

§ 7 Anwendbares Recht[9]

Auf den Lizenzvertrag findet das _____ Recht Anwendung.

§ 8 Steuern

Umsatzsteuern und indirekte Steuern,[10] die im Land des Lizenznehmers erhoben werden, sind von der Lizenznehmerin im Namen der Lizenzgeberin zu zahlen.

§ 9 Rechtsverhältnisse nach Vertragsbeendigung

(1) Bei vorzeitiger Beendigung des Vertrages gelten folgende Grundsätze:
1. _____ [11]
2. _____ [11]
3. _____ [11]
4. _____ [11]
5. *Die Lizenznehmerin ist verpflichtet, den in die Patentrolle eingetragenen Lizenzvermerk auf ihre Kosten löschen zu lassen.*

(2) _____ [11]

_____   _____
   (Ort, Datum)   *(Unterschriften)*

Anmerkungen

1) Im Vertrag muß eindeutig festgelegt werden, ob die Lizenz als ausschließliche oder alleinige gewollt ist.
Eine ausschließliche Lizenz kann nur eingeräumt werden, wenn keine einfachen Lizenzen, Zwangslizenzen oder Vorbenutzungsrechte bestehen. Die Vertragsparteien können für den Fall einer Verletzung der Ausschließlichkeitsklausel durch den Lizenzgeber Vertragsstrafen, Kündigungsrechte und/oder Schadensersatzansprüche vereinbaren.

2) Vgl. dazu Muster 5.3.3. Nach § 34 PatG kann eine solche Eintragung vorgenommen werden. Da diese Regelung in erster Linie im Interesse des Lizenznehmers ist, sollte dieser auch die dafür anfallenden Kosten tragen. Der Lizenznehmer verhindert damit eine spätere Lizenzbereitschaftserklärung gem. § 23 Abs. 2 PatG, mit der der Lizenzgeber zum Abschluß weiterer Lizenzverträge aufruft. Es ist nicht erforderlich, daß der Name des Lizenznehmers miteingetragen wird. Der bloße Lizenzvermerk ohne Namensnennung genügt. Die Eintragungsgebühr beträgt gegenwärtig 40,– DM.

3) Zwar ergibt sich die Ausübungspflicht des Lizenznehmers einer ausschließlichen Lizenz bereits aus allgemein vertragsrechtlichen Gründen; jedoch empfiehlt sich die Vereinbarung einer ausdrücklichen Ausübungsklausel, wenn, wie hier, auf eine Mindestlizenzgebühr verzichtet und statt dessen eine Stücklizenzgebühr vereinbart wird.

4) Eine solche Klausel ist zwar im Hinblick auf § 20 Abs. 1 GWB unwirksam, da sie über den Inhalt des Schutzrechts hinausgeht. Allerdings kann sie nach § 20 Abs. 3 GWB auf Antrag von der zuständigen Kartellbehörde genehmigt werden.

5) Der Vorteil einer Stücklizenzgebühr ist im geringen Kontrollaufwand zu sehen. Die Kontrolle kann bereits mittels der hergestellten Stückzahl erfolgen.

6) Die Zahlung eines Teils der Lizenzgebühr an einen Dritten empfiehlt sich, wenn der Lizenzgeber seinerseits verpflichtet ist, einem anderen, der möglicherweise sein Arbeitnehmer ist, aufgrund einer Arbeitnehmererfindung eine Summe zu zahlen.

7) Der Lizenznehmer ist auf diese Weise abgesichert, daß das Patent nicht erlöschen kann, weil die Jahresgebühr nicht gezahlt wird. Die Klausel ist bei der einfachen Lizenz entbehrlich. Soweit der Lizenzgeber nach dem Vertrag nicht verpflichtet ist, das Patent aufrechtzuerhalten, dürfte es im Interesse des Lizenznehmers zweckmäßig sein, eine Regelung zu treffen, nach der der Lizenzgeber verpflichtet ist, die geplante Patentaufgabe dem Lizenznehmer anzuzeigen und diesem ein – gegebenenfalls kostenloses – Vorkaufsrecht einzuräumen. Gleiches gilt für den Fall, daß nur ein Teil von mehreren dem Vertrag zugrundeliegenden Patenten aufgegeben werden soll.

8) Die Auslaufklausel sollte unbedingt vereinbart werden, da zum gegenwärtigen Zeitpunkt streitig ist, ob dem Lizenznehmer die selben Rechte ohne ausdrückliche Klausel zustehen. Wählt man eine kurze Auslaufzeit, so empfiehlt es sich, zusätzlich eine Abnahmeoption des Lizenzgebers zum Herstellungspreis zu vereinbaren, da der Lizenzgeber möglicherweise ein Interesse an einer schnellen Vergabe neuer Lizenzen haben kann.

9) Sofern die Lizenzparteien aus verschiedenen Ländern kommen, sollte zur Vermeidung späterer Streitigkeiten vereinbart werden, welches Recht eines Landes Anwendung findet. Regelmäßig wird dies das Recht des Landes sein, für das die Lizenz vergeben wird, denn dort liegen die meisten Berührungspunkte.

10) Dies sind alle Steuern, die auf Einkünfte bzw. Einkommen im Land des Lizenznehmers aufgrund der vom Lizenzgeber entgegengenommenen Zahlungen entfallen. Kommen beide Vertragspartner aus Ländern, zwischen denen ein Doppelbesteuerungsabkommen besteht, sollte folgende Klausel vereinbart werden: „Der Patentinhaber beschafft die notwendigen Bescheinigungen über die dt. Steuerbefreiung nach dem deutsch-_____ Doppelbesteuerungsabkommen."

11) Vgl. dazu § 24 des Musters 5.1, S. 39.

5.3.2 Ausschließliche Lizenz an einem Geheimverfahren[1*]

Präambel

Der Lizenzgeber hat nach langer Entwicklungsarbeit ein neues Verfahren zur Herstellung von schadfreiem Holzschutzmittel gefunden und erprobt. Das Verfahren ist mittlerweile zur Produktionsreife gediehen. Ein Patent soll nicht angemeldet werden, weil der Lizenzgeber sich davon eine größere Geheimhaltung verspricht.
In Anbetracht dessen, daß der Lizenznehmer die Produktion des Geheimverfahrens nur betreiben kann, wenn er ausreichende Einsicht in vertrauliche Daten und Unterlagen des Lizenzgebers erhält, **vereinbaren** *die Parteien folgenes:*

§ 1 Vertragsgegenstand

Gegenstand dieses Verfahrens ist das vom Lizenzgeber entwickelte geheime Verfahren zur Herstellung des schadstofffreien Holzschutzmittels nebst aller Kenntnisse und Erfahrungen. Die genaue Beschreibung des Verfahrens und die dazugehörigen Rezepturen sind beim Notar _____ hinterlegt worden.[2]

§ 2 Lizenzumfang

Der Lizenzgeber erteilt dem Lizenznehmer die ausschließliche Lizenz zur Produktion und zum Vertrieb des Holzschutzmittels in Europa. Da der Lizenzgeber in Zukunft nur Forschungsarbeiten durchführen will, verzichtet er darauf, das Holzschutzmittel nach seinem eigenen Verfahren herzustellen und zu vertreiben.[3]

§ 3 Übergabe des Verfahrens

(1) Der Notar _____ übergibt dem Lizenznehmer die den Vertragsgegenstand betreffenden Unterlagen unmittelbar nach Vertragsabschluß in zweifacher Ausfertigung. Der Lizenzgeber versichert, daß die Unterlagen vollständig sind.

(2) Der Lizenznehmer ist nicht berechtigt, weitere Kopien der Unterlagen

---

* Anmerkungen siehe S. 53.

anzufertigen.[4] Der Lizenzgeber behält sich Eigentums- und Urheberrechte an sämtlichen Unterlagen vor. Die Weitergabe durch den Lizenznehmer an Dritte ist unzulässig.

§ 4 Pflichten des Lizenznehmers

Der Lizenznehmer verpflichtet sich,
a) nach Ablauf des Vertrages von den dem Verfahren zugrundeliegenden Rezepturen keinen Gebrauch zu machen und auch Dritten die Rezepturen nicht zu überlassen,[5]
b) für den Vertragsgegenstand keinerlei Schutzrechte anzumelden,[6]
c) bei Abschluß des Vertrages einen Betrag von 100.000,- DM an den Lizenzgeber und jeweils zum 1. Januar eines Jahres einen Pauschalbetrag von 20.000,- DM als jährliche Lizenzgebühr zu zahlen.[7]

§ 5 Gewährleistung[8]

(1) Der Lizenzgeber versichert, daß das entwickelte Verfahren geeignet ist, industriell das schadstofffreie Holzschutzmittel herzustellen, und für die Produktion von 1000 kg Holzschutzmittel im Zeitpunkt des Vertragsschlusses lediglich ein Kostenaufwand von 20.000,- DM erforderlich ist. Der Lizenzgeber sichert ferner zu, daß für die Erstellung der Produktionsanlage ein Investitionsaufwand von maximal 50.000,- DM notwendig ist.

(2) Sofern der Lizenznehmer einen dem Verfahren anhaftenden wesentlichen Mangel nachweist, der sich auch auf die hergestellten Produkte erstreckt, oder eine in Abs. 1 zugesicherte Eigenschaft fehlt, stehen dem Lizenznehmer in entsprechender Aufwendung die Gewährleistungsansprüche gem. den §§ 459 ff. BGB zu.

(3) Der Lizenzgeber, der zwar nach bestem Wissen versichern kann, daß das Verfahren und die Produkte neu und geheim sind, übernimmt jedoch für die Neuheit und den geheimen Charakter des Verfahrens keine Gewährleistung.

§ 6 Unterlizenzen[9]

Die Vergabe von Unterlizenzen ist ausgeschlossen.

_____   _____
          (Ort, Datum)   *(Unterschriften)*

Anmerkungen

1) Bei einem solchen Vertrag ist das besondere Augenmerk der Parteien auf die Geheimhaltungsverpflichtung zu lenken; vgl. dazu Muster 5.11. Da der mögliche Lizenznehmer erst nach Einsicht in die Unterlagen feststellen kann, ob er das Geheimverfahren nutzen möchte, ist es aus der Sicht des Lizenzgebers erforderlich, in einem Vorvertrag die Zurverfügungstellung der Unterlagen und die Geheimhaltungsverpflichtung zu regeln.

2) Die Hinterlegung des gesamten Verfahrens sollte deshalb vorgenommen werden, damit der Vertragsgegenstand genau bezeichnet werden kann und nicht irgendein Verfahren gemeint ist. Im Streitfall ist es daher von Vorteil, wenn ein unbeteiligter Dritter den Vertragsgegenstand verwahrt und durch diesen übergeben wird.

3) Der Lizenzgeber hat hier dem Lizenznehmer eine alleinige Lizenz eingeräumt.

4) Das Vervielfältigungsverbot erleichtert die Durchsetzung der Geheimhaltungsverpflichtung.

5) Eine solche Klausel ist für Verträge mit sehr langer Laufzeit aus wettbewerbsrechtlichen Erwägungen nicht ganz unbedenklich (vgl. Pagenberg, Lizenzverträge, S. 63). Allerdings liegt zu dieser Frage keine höchstrichterliche Rechtsprechung und keine Stellungnahme des Bundeskartellamtes vor.

6) Die Anmeldung eines Schutzrechtes würde dem erhöhten Geheimhaltungsinteresse des Lizenzgebers entgegenstehen; zumal dieser nach der Präambel ganz offensichtlich selbst auch keine Anmeldung vornehmen will.

7) Diese Vereinbarung beinhaltet die Zahlung einer Pauschallizenzgebühr. Eine solche ist immer dann zweckmäßig, wenn die Kontrollmöglichkeiten des Lizenzgebers nur eingeschränkt vorhanden sind oder aber die Produktionsaufnahme erst einige Zeit später erfolgt, weil beispielsweise das Verfahren erst noch erprobt werden muß.

8) Soweit kein Vorvertrag abgeschlossen worden ist, sind Zusicherungen des Lizenzgebers erforderlich, weil der Lizenznehmer erst nach Kenntnissen über das Verfahren prüfen kann, ob das Verfahren rentabel ist. Im Interesse einer angemessenen Risikoverteilung muß die Gewährleistung insoweit vom Lizenzgeber übernommen werden, da nur er darüber entscheiden kann, ob das Verfahren für die Vergabe einer Lizenz geeignet ist und der Lizenznehmer hohe Erwartungen an die Lizenzerteilung knüpft. Ein genereller Gewährleistungsausschluß führt zu einer nicht vertretbaren Benachteiligung des Lizenznehmers.

9) Die Erteilung ist schon allein auf Grund des Geheimhaltungsinteresses des Lizenzgebers ausgeschlossen.

5.3.3 Antrag auf Eintragung einer ausschließlichen Lizenz[1]

An das
Deutsche Patentamt
Zweibrückenstr. 12
8000 München 2

Hannover, den _____

Antrag auf Eintragung einer ausschließlichen Lizenz

Der Unterzeichnende beantragt hiermit bezüglich des Patents Nr. 123 589 die Eintragung der Erteilung einer ausschließlichen Lizenz in die Patentrolle. Lizenznehmerin ist die Firma BRX in Hildesheim, deren Einwilligungserklärung als Anlage diesem Schreiben beigefügt ist.
Die amtliche Eintragungsgebühr in Höhe von 40,– DM wird durch den ebenfalls anliegenden Verrechnungsscheck eingezahlt.

Unterschrift des Patentinhabers[2]

Anmerkungen

1) Eine bestimmte Form ist weder für diese Antragstellung noch für das Einverständnis des Lizenznehmers erforderlich.
2) Stellt der Lizenznehmer den Antrag, so muß allerdings die Unterschrift des Patentinhabers unter die Einwilligung notariell oder gerichtlich beglaubigt werden.

5.4 Gebrauchsmusterunterlizenzvertrag

Die Gebrauchsmusterunterlizenz unterscheidet sich nur geringfügig von einer Patentlizenz. Darum erfolgt hier die Ausgestaltung als Unterlizenz.

Präambel

Dem Lizenzgeber ist von der Firma X, die Inhaberin des deutschen Gebrauchsmusters Nr. 345 mit der Bezeichnung „Safesicherheitsschloß" (nachfolgend Vertragsgegenstand genannt) ist, das ausschließliche Nutzungsrecht hinsichtlich dieses Gebrauchsmusters eingeräumt worden. Der Lizenzgeber ist berechtigt, Unterlizenzen zu erteilen.

§ 1 Umfang der Lizenz

Der Lizenzgeber erteilt der Lizenznehmerin die Unterlizenz zur Herstellung und zum Vertrieb des Vertragsgegenstandes innerhalb der Postleitzahlengebiete 2 und 3 (nachfolgend Vertragsgebiet genannt).[1] Der Lizenzgeber verpflichtet sich, im Vertragsgebiet keine Vertragsgegenstände herzustellen und zu vertreiben.*

§ 2 Abhängigkeit der Unterlizenz

Die in diesem Vertrag erteilte Unterlizenz ist vom Bestand der Hauptlizenz abhängig.[2]

§ 3 Lizenzgebühr

(1) Die Lizenznehmerin verpflichtet sich, an den Lizenzgeber eine Lizenzgebühr von 15,– DM pro verkauften Vertragsgegenstand zuzüglich Mehrwertsteuer zu zahlen.

(2) Die Abrechnung erfolgt halbjährlich zum 30. 6. und 31. 12. eines jeden Jahres. Die Gebühren sind spätestens bis zum Ende des auf den Abrechnungszeitraum folgenden Monats zu zahlen.

§ 4 Buchführungspflicht

Die Lizenznehmerin ist zwecks Kontrolle durch den Lizenzgeber verpflichtet, genauestens Buch über die hergestellten und verkauften Vertragsgegen-

---

[*] Anmerkungen siehe S. 56.

stände zu führen. Die Buchführung ist dem Lizenzgeber zum Ende eines Abrechnungszeitraums vorzulegen.

§ 5 Qualitätsanforderungen

Die Lizenznehmerin hat die Vertragsgegenstände entsprechend der Qualitätsanforderungen des Lizenzgebers herzustellen. Der Lizenzgeber ist berechtigt, jederzeit persönliche Qualitätskontrollen im Betrieb des Lizenznehmers durchzuführen.

§ 6 Vertragsdauer

Dieser Unterlizenzvertrag endet mit Ablauf oder Erlöschen des Vertragsschutzrechtes. Davon unberührt bleibt die Beendigung des Vertragsverhältnisses aus wichtigem Grund.

§ 7 Abschlußdatum

Das Abschlußdatum dieses Unterlizenzvertrages ist der 31.12.1987.

_____   _____
      (Ort, Datum)   (Unterschriften)

Anmerkungen

1) Im vorliegenden Fall handelt es sich um eine räumlich eingeschränkte Unterlizenz.
2) Die Abhängigkeitsklausel empfiehlt sich im Interesse der Vermeidung von Rechtsstreitigkeiten für den Fall der Kündigung des Hauptlizenzvertrages durch den Hauptlizenzgeber aus wichtigem Grund.

5.5 Warenzeichenlizenzvertrag

Die Einräumung einer Lizenz an einem Warenzeichen ist nicht unproblematisch. Sie kann allenfalls in Form eines schuldrechtlichen Benutzungsrechts erfolgen. Die Lizenzerteilung an Warenzeichen ist nur in der Weise rechtlich möglich, daß der Warenzeicheninhaber gegenüber dem Lizenznehmer mit ausschließlich schuldrechtlicher Wirkung darauf verzichtet, die sich aus dem eingetragenen Warenzeichen ergebenden Rechte aus Rechtsverletzungen nicht geltend zu machen.[1*] Die Warenzeichenlizenz entfaltet deshalb niemals Wirkung gegen jedermann, so daß die Einräumung einer ausschließlichen Warenzeichenlizenz unzulässig ist.[2] Der Lizenznehmer einer Warenzeichenlizenz hat demzufolge kein selbständiges Klagerecht auf Unterlassung (gem. den §§ 15, 24 WZG).

Die Warenzeichenlizenz wird häufig gemeinsam mit dem Recht zur Verwertung eines Patents oder zum Nachbau eines bestimmten Gegenstandes eingeräumt.

Vorbemerkung

Die Lizenzgeberin ist Inhaberin des in die Warenzeichenrolle des Deutschen Patentamts am 1. 2. 1987 unter der Nr. 980 421 für Personalcomputer eingetragenen Warenzeichens „Percom 2000." Die Lizenzgeberin hat der Lizenznehmerin bereits in einem gesonderten Lizenzvertrag die nicht ausschließliche Lizenz zur Herstellung des Personalcomputers – eingetragen in der Patentrolle unter der Nr. 123 589 beim Deutschen Patentamt – eingeräumt. Mit dem Warenzeichenlizenzvertrag wird der Lizenznehmerin zusätzlich das nichtübertragbare Recht gewährt, während der Dauer des nichtausschließlichen Patentlizenzvertrages den Personalcomputer selbst oder/und dessen Verpackung mit dem Warenzeichen „Percom 2000" zu versehen, die gekennzeichneten Produkte in den Verkehr zu bringen und unter Verwendung des Warenzeichens zu werben.

*Folgender **Warenzeichenlizenzvertrag** wird abgeschlossen:*

§ 1 Lizenzvermerk

Die Lizenznehmerin verpflichtet sich, für jeden Fall der Benutzung des Waren-

---

* Anmerkungen siehe S. 59

zeichens deutlich zu machen, daß „Percom 2000" ein eingetragenes Warenzeichen der Lizenzgeberin ist.

§ 2 Lizenzgebühren

(1) Die Lizenznehmerin entrichtet unabhängig von der im Patentlizenzvertrag festgelegten Lizenzgebühr eine weitere Gebühr von 50,– DM für jeden unter dem Warenzeichen „Percom 2000" verkauften Personalcomputer.

(2) Die Lizenznehmerin zahlt jedoch mindestens eine Lizenzgebühr von 20.000,– DM pro Jahr für die Warenzeichenlizenz.

§ 3 Qualitätsanforderungen

Hinsichtlich der Qualitätsanforderungen und Qualitätskontrollen gelten die im Patentlizenzvertrag festgelegten Grundsätze auch für das Warenzeichen.[3]

§ 4 Aufrechterhaltung des Warenzeichens

(1) Die Lizenzgeberin hält das Warenzeichen für die Dauer dieses Vertrages auf eigene Kosten aufrecht und verteidigt es gegen jegliche Angriffe Dritter.[4] *Die Lizenznehmerin verpflichtet sich, die Lizenzgeberin von jedem ihr bekanntwerdenden Verstoß unverzüglich in Kenntnis zu setzen.*

(2) Die Lizenzgeberin unterläßt es für die Dauer des Vertrages, eine Löschung des Warenzeichens selbst zu beantragen oder durch Dritte beantragen zu lassen.

§ 5 Vertragsbeendigung

(1) Dieser Vertrag ist in seinem Bestand vom Patentlizenzvertrag abhängig und dauert keinesfalls über die Laufzeit des letzteren hinaus an.

(2) Eine Benutzung des Warenzeichens nach Vertragsbeendigung ist für die Dauer der Rechtskraft des Warenzeichens ausgeschlossen.

_____   _____
(Ort, Datum)   *(Unterschriften)*

Anmerkungen

1) Vgl. hierzu RGZ 100, 3 (6); BGHZ 44, 372.
2) Vgl. BGH GRUR 1977, 541.
3) Hiermit soll verhindert werden, daß minderwertige Qualität unter dem Warenzeichen verkauft wird.
4) Grundsätzlich muß der Lizenznehmer einer Warenzeichenlizenz wegen ihrer lediglich schuldrechtlichen Wirkung mit der Vergabe weiterer Unterlizenzen durch den Lizenzgeber rechnen, so daß das Recht zur Verteidigung des Warenzeichens nicht dem Lizenznehmer, sondern dem Lizenzgeber zusteht. Eine Ausnahme von diesem Grundsatz besteht nur, wenn der Lizenzgeber nichts gegen die Verletzung tut und vom Lizenznehmer dennoch die Lizenzgebühr verlangt. In diesem Falle kann der Lizenznehmer selbst die Verteidigung vornehmen.

5.6 Lizenzvertrag über die Verwendung eines Warenzeichens als begleitende Marke[1*]

Verschiedene von Handwerk und Industrie hergestellte Waren werden nicht allein von einem Betrieb oder Unternehmer produziert. Dem Produkt wird häufig ein von einem Fremdhersteller gefertigtes Vorprodukt, Zwischenprodukt oder Veredelungsmittel beigefügt. Dies gilt vor allem für die synthetische Industrie. Dem Wunsch des Zulieferers entsprechend fügt der Hersteller des Endproduktes das Warenzeichen des ersteren seinem eigenen hinzu. Ein solches Warenzeichen bezeichnet man als begleitende Marke.

Lizenzverträge bezüglich solcher Warenzeichen sind, abgesehen von einigen Ausnahmen, in Anlehnung an die Warenzeichenlizenzverträge auszugestalten.

Folgender **Warenzeichenlizenzvertrag** wird abgeschlossen:

Präambel

Der Lizenzgeber ist Inhaber des unter der Nr. 80 901 für synthetisches Garn eingetragenen Warenzeichens „Sygar". Die Lizenznehmerin beabsichtigt, unter Verwendung dieser Garne Kleidungsstücke herzustellen.

§ 1 Lizenzumfang[2]

Der Lizenznehmerin wird vom Lizenzgeber das nichtübertragbare und unentgeltliche Nutzungsrecht an dem Warenzeichen unter den im folgenden festgelegten Voraussetzungen eingeräumt.

§ 2 Voraussetzungen

Die Lizenznehmerin ist zur Benutzung des Warenzeichens nur bei den von ihr produzierten Waren berechtigt, die unter Verwendung der von der Lizenznehmerin gelieferten Garne hergestellt worden sind.[3] Hinsichtlich der Qualität der unter Verwendung der Garne hergestellten Kleidungsstücke richtet die Lizenznehmerin sich nach den vom Lizenzgeber in der Anlage 1 festgelegten Qualitäts- und Verarbeitungsrichtlinien.

---

* Anmerkungen siehe S. 61.

§ 3 Kontrolle durch den Lizenzgeber[4]

Die Lizenznehmerin ist verpflichtet, dem Lizenzgeber auf dessen jederzeitiges Verlangen eine entsprechende Anzahl von Mustern der Kleidungsstücke zur Verfügung zu stellen, die mit Garnen des Lizenzgebers produziert werden. Darüber hinaus hat der Lizenzgeber jederzeit ohne vorherige Anmeldung während der Betriebsstunden das Recht, Kontrollen auf dem Betriebsgelände der Lizenznehmerin vorzunehmen.

(Ort, Datum)   *(Unterschriften)*

Anmerkungen

1) Vgl. Münchener Vertragshandbuch, Bd. 3, Muster VI 3; Kraft, Die begleitende Marke, Probleme des Geschäftsbetriebes und Warenzeichens, GRUR 1970, 218.
2) Der Lizenzvertrag über die Verwendung eines Warenzeichens als begleitende Marke beinhaltet auch nur das nichtausschließliche Recht zur Benutzung des Warenzeichens, denn der Lizenzgeber hat ein großes Interesse daran, allen seinen Käufern das gleiche Recht einzuräumen.
3) Diese Festlegung ergibt sich bereits aus dem Sinn und Zweck der begleitenden Marke.
4) Wegen der engen Verbindung von Warenzeichen und Endprodukt sind dem Lizenzgeber umfassende Kontrollmöglichkeiten an die Hand zu geben.

5.7 Verlagslizenzvertrag

Der urheberrechtliche Lizenzvertrag ist der auf den zwischen dem Verfasser und dem Verleger geschlossene Verlagsvertrag folgende Vertrag mit einem Dritten, dem der Verleger das Recht einräumt, das Werk zu vervielfältigen und zu vertreiben.[1*] Die Verlagslizenz kann ebenso wie alle anderen Lizenzen als ausschließliche oder einfache Lizenz ausgestaltet werden.

Vorbemerkung

Der Lizenzgeber ist Verleger des von Herrn _____ (im folgenden Verfasser genannt) verfaßten Werkes „Die Entwicklung der Arbeitsgesetzgebung im 20. Jahrhundert" (im folgenden Lizenzgegenstand genannt). Die Lizenznehmerin beabsichtigt, das bisher in gebundener Form herausgegebene Werk nunmehr in Taschenbuchformat auf den Markt zu bringen. Dies vorausgeschickt schließen die Parteien folgenden **Lizenzvertrag**:

§ 1 Lizenzumfang

Der Lizenzgeber gewährt als alleiniger Inhaber der Urheberrechte an dem Lizenzgegenstand der Lizenznehmerin das ausschließliche Recht zur Herstellung und zum Vertrieb des Lizenzgegenstandes in Taschenbuchformat.[2] Dies gilt für die gesamte Bundesrepublik Deutschland einschließlich West-Berlin.

§ 2 Zustimmung des Verfassers[3]

Die Zustimmung des Verfassers liegt in schriftlicher Form vor und wird diesem Vertrag als Anlage 1 beigefügt.

§ 3 Lizenzgebühr

(1) Die Lizenzgebühr beträgt 20 % des Ladenverkaufspreises (ausschließlich der Mehrwertsteuer) für jedes verkaufte Taschenbuchexemplar des

---

* Anmerkungen siehe S. 64.

Lizenzgegenstandes.

(2) Die Lizenznehmerin zahlt jeweils die Hälfte der Lizenzgebühr an den Lizenzgeber und an den Verfasser.[4]

(3) Abrechnung und Zahlung der Lizenzgebühr erfolgt vierteljährlich bis zum Ende des auf das Quartal folgenden Monats. Der Lizenzgeber kann bei begründetem Verdacht verlangen, daß die Abrechnung durch einen Wirtschaftsprüfer oder vereidigten Buchprüfer seiner Wahl überprüft wird. Die Kosten dafür gehen nur dann zu Lasten des Lizenznehmers, wenn sich der Verdacht des Lizenzgebers bestätigt.

§ 4 Erscheinen

Der Lizenzgegenstand erscheint spätestens sechs Monate nach Abschluß dieses Vertrages in Taschenbuchformat.

§ 5 Freiexemplare

Die Lizenznehmerin übergibt dem Lizenzgeber 20 Freiexemplare pro Ausgabe, von denen letzterer 10 an den Verfasser weitergibt. Lizenzgeber und Verfasser haben darüber hinaus das Recht, weitere Exemplare einer Ausgabe mit einem Rabatt von 50 % zu erwerben.

§ 6 Vertragsbeendigung[5]

Die Lizenz erlischt nach Kündigung durch den Lizenzgeber, die erst nach einer Frist von sechs Monaten wirksam wird, und frühestens nach 3 Jahren ausgesprochen werden kann. Davon unberührt bleibt die Kündigung aus wichtigem Grund, die beiden Vertragsparteien in den Fällen zusteht, in denen die eine Partei in grober Weise gegen Bestimmungen dieses Vertrages verstößt.

§ 7 Ausverkauf

Die Lizenznehmerin darf im Falle der Kündigung nach § 6 Satz 1 dieses Vertrages die vorhandenen Restexemplare innerhalb von sechs Monaten verramschen oder makulieren. Sie wird den Lizenzgeber und den Verfasser von dieser Absicht verständigen, um ihnen den Erwerb der Vorräte ganz oder teilweise zum halben Ladenverkaufspreis zu ermöglichen.

§ 8 Rechtsnachfolge[6]

Verliert der Lizenzgeber die Inhaberschaft am Urheberrecht durch Beendigung des Verlagsvertrages während der Dauer dieses Lizenzvertrages, so tritt der Verfasser mit Zustimmung der Lizenznehmerin in diesen Vertrag anstelle des Lizenzgebers ein. Die Lizenznehmerin kann die Zustimmung nur aus wichtigem Grunde versagen.

(Ort, Datum)	*(Unterschriften)*

Anmerkungen

1) Vgl. Lange, Der Lizenzvertrag im Verlagswesen, S. 18 ff.
2) Mit der Einräumung der ausschließlichen Lizenz überträgt der Lizenzgeber und Verleger teilweise das ihm auf Grund des Verlagsvertrages mit dem Verfasser zustehende Recht, die Vervielfältigung in jeglicher Form vorzunehmen. In den Verlagsverträgen ist regelmäßig gem. § 31 UrhG die Gewährung der Nutzungsrechte durch den Schöpfer des Werkes, der nach § 7 UrhG der Urheber ist, an den Verleger vorgesehen. Dieser wiederum ist auf Grund dessen zur Vergabe von Lizenzen berechtigt.
3) Auf Grund der §§ 34, 35 UrhG ist die Übertragung der Nutzungsrechte vom Verleger als Lizenzgeber auf einen Dritten, der der Lizenznehmer ist, nur mit Zustimmung des Urhebers möglich. Die Zustimmung vor Abschluß des Lizenzvertrages kann allerdings auch durch die nachträgliche Genehmigung ersetzt werden. Zustimmung und Genehmigung müssen nicht ausdrücklich erklärt werden. Sie können stillschweigend abgegeben werden. Die Nichterteilung der Einwilligung führt nach § 184 BGB zur schwebenden Unwirksamkeit. Aus diesem Grunde empfiehlt es sich aus Sicht des Lizenznehmers, auf der in der vorliegenden Klausel getroffenen Vereinbarung zu bestehen.
4) Eine solche Aufteilung der Lizenzgebühr wird in den meisten Verlagslizenzverträgen vorgenommen, da bereits in den Verlagsverträgen vereinbart worden ist, daß Lizenzerlöse zwischen dem Verleger und dem Verfasser geteilt werden.
5, 6) Im Falle der Befristung oder Beschränkung des Verlagsvertrages auf eine beschränkte Anzahl von Auflagen zieht die Beendigung des Verlagsvertrages auch die Beendigung des Lizenzvertrages nach sich. Die Verlagslizenz ist ein Teil des Verlagsrechts. Da letzteres nach Beendigung an den Urheber zurückfällt und die Lizenz vom Bestand des Verlagsrechts abhängig ist, steht dem Urheber auch das Lizenzrecht wieder allein zu. Allerdings besteht grundsätzlich die Möglichkeit, daß der Verfasser nach Beendigung des Verlagsvertrages anstelle des Verlegers in die Rechtsposition als Lizenzgeber in den Lizenzvertrag eintritt.

5.8 Filmlizenzvertrag

In dem vorangegangen Muster ist die Lizenz ausschließlich als Herstellungs-, Gebrauchs- und Vertriebslizenz gestaltet worden. Eine solche Lizenzkombination ist beim Filmlizenzvertrag nicht möglich. Die Herstellung des Films wird in der Regel vom Produzenten in Zusammenarbeit mit dem Regisseur vorgenommen, während eine sogenannte Verleihfirma den inländischen Verleih und den weltweiten Vertrieb des Films, d. h. die kaufmännische Auswertung, vornimmt. Die Verleih- und Vertriebsrechte werden durch den Filmlizenzvertrag eingeräumt. Es ist insoweit zwischen Verleih- und Vertriebsrechten zu unterscheiden, da Verleihrechte nach den branchenüblichen Sprachgebrauch lediglich die inländische Auswertung beinhaltet, während Vertriebsrechte die Auswertung im Ausland umfassen.

Das vorliegende Muster eines **Filmlizenzvertrages** kann jedoch für beide Rechte gleichermaßen verwandt werden.

Präambel

Der Lizenzgeber ist der Produzent des unter der Regie von _____ *hergestellten Films „Die sieben Söhne der Wüste" (im folgenden Lizenzgegenstand genannt), der bisher noch nicht Gegenstand einer kaufmännischen Auswertung gewesen ist. Die Lizenznehmerin ist ein Verleihunternehmen, das bereits über langjährige Erfahrung im Verleihgeschäft sowie über weltweite Kontakte und Geschäftsverbindungen verfügt.*

§ 1 Lizenzumfang[1]*

(1) Der Lizenzgeber ist der alleinige und uneingeschränkte Inhaber der Auswertungsrechte an dem Lizenzgegenstand.

(2) Er überträgt[2] hiermit der Lizenznehmerin das ausschließliche Recht, den Lizenzgegenstand in der Bundesrepublik Deutschland einschließlich West-Berlin und der DDR auszuwerten. Die Auswertung, zu der die Lizenznehmerin ausdrücklich verpflichtet wird,[3] beinhaltet sowohl die Vorführung durch die Lizenznehmerin selbst als auch durch von der Lizenznehmerin im Verleihgeschäft autorisierte Dritte. Dritte im Sinne dieser Vorschrift sind Filmtheater,

---

* Anmerkungen siehe S. 68.

Wanderlichtspielunternehmen und alle, die den Lizenzgegenstand einem öffentlichen Publikum gegen Zahlung eines Entgeltes zugänglich machen.

(3) Der Lizenzgeber wird einen Verleih an die genannten Dritten nicht vornehmen. Er behält sich jedoch alle Radio- und Fernsehrechte sowie das Recht zum Verleih und zur Vorführung von Video-Clips vor.

§ 2 Vertragsdauer

Der Lizenzvertrag beginnt mit dem Tag der Erstaufführung und endet nach sechs Jahren.

§ 3 Verletzung Rechte Dritter[4]

Der Lizenzgeber gewährleistet, daß ihm zustehende Nutzungsrechte ordnungsgemäß erworben und Persönlichkeits- oder sonstige Rechte Dritter durch die Herstellung des Films nicht verletzt werden.

§ 4 Anfertigung von Kopien

(1) Die Lizenznehmerin wird nach Abschluß des Vertrages und Übergabe des Bild- und Tonmaterials[5] durch den Lizenzgeber, der im übrigen eine einwandfreie Qualität garantiert, die für die Auswertung des Lizenzgegenstandes erforderliche Anzahl von Kopien herstellen lassen und die Kosten vorlegen.[6]

(2) Die Versicherung des Materials, insbesondere des Originalnegativs, schließt die Lizenznehmerin, die auch die dafür anfallenden Kosten trägt, ab.

(3) Die Lizenznehmerin verpflichtet sich, für die einwandfreie Qualität, entsprechend den in der Anlage 1 beigefügten Qualitätsanforderungen des Lizenzgebers, Sorge zu tragen.[7]

(4) Der Lizenzgeber ist nach Übergabe des Bild- und Tonmaterials jederzeit berechtigt, Kopien für die Auswertung des Lizenzgegenstandes in der Schweiz und Österreich zu ziehen.[8] Die Lizenznehmerin wird dafür mit 10 % am Auswertungserlös aus diesen Ländern beteiligt.

§ 5 Werbung

Zu Werbezwecken wird von der Lizenznehmerin ein Reklamevorspann von bis zu 100 m Länge hergestellt. Die Kosten werden ebenfalls von der Lizenznehmerin vorgelegt. Die Gestaltung des Reklamevorspanns wird von Lizenz-

geber und Lizenznehmerin gemeinsam vorgenommen.[9]

§ 6 Vergütung[10]

(1) Der nach Abzug der vom Lizenzgeber zu tragenden und von der Lizenznehmerin verauslagten Kosten für
a) Kopienherstellung
b) Kopienpflege
c) Reklamevorspann
verbleibende Auswertungserlös wird zwischen den Parteien wie folgt aufgeteilt:
– 40 % für den Lizenzgeber und
– 60 % für die Lizenznehmerin.
(2) Die in Abs. 1 erfolgte Aufzählung der Abzugskosten ist abschließend. Gegebenenfalls anfallende Provisionszahlungen sind von der Lizenznehmerin aus ihrem Anteil zu zahlen.
(3) Die Abrechnung des Auswertungserlöses erfolgt jeweils zum 30. eines Monats für den vorausgegangenen Monat. Bis zu diesem Zeitpunkt hat die Lizenznehmerin den Anteil des Lizenzgebers am Anteil des Auswertungserlöses auf das Konto des Lizenzgebers bei der Volksbank _____ (Konto Nr. _____) zu zahlen. Die Lizenznehmerin gerät ohne weitere Mahnung in Verzug, wenn die Zahlungen bis zu diesem Zeitpunkt nicht auf dem genannten Konto eingegangen sind. Bei Verzug ist der Lizenzgeber unabhängig weiterer Schadensersatzansprüche zur Geltendmachung eines Verzugsschadens von 2 % über dem jeweiligen Diskontsatz der Deutschen Bundesbank berechtigt.
(4) Der Lizenzgeber ist ferner berechtigt, die Abrechnungsunterlagen durch einen Wirtschaftsprüfer kontrollieren zu lassen, dessen Kosten der Lizenzgeber trägt, wenn sich die Ordnungsmäßigkeit der Buchführung herausstellt. Andernfalls gehen diese Kosten zu Lasten der Lizenznehmerin.

§ 7 Sonstige Pflichten der Lizenznehmerin

(1) Die Lizenznehmerin ist verpflichtet,
1. den Lizenzgegenstand nur mit dem vom Lizenzgeber mitgelieferten Vor- und Nachspann auszuwerten;[11]
2. keine Beschneidung oder Redigierung des vom Lizenzgeber gelieferten Filmmaterials vorzunehmen;
3. das Auswertungsrecht nicht auf Dritte zu übertragen und keine Unterlizenzen zu erteilen;

4. das Eigentum an den Kopien nicht sicherungsweise an Dritte zu übereignen.

(2) Für jeden Fall der Zuwiderhandlung gegen eine der in Abs. 1 genannten Verpflichtungen zahlt die Lizenznehmerin an den Lizenzgeber, unabhängig von sonstigen Schadensersatzansprüchen, eine Vertragsstrafe in Höhe von 50.000,- DM.

(Ort, Datum) (Unterschriften)

Anmerkungen

1) Der Filmlizenzvertrag verschafft dem Lizenznehmer das ausschließliche Auswertungsrecht. Er kann auf Grund der Einmaligkeit des Films nicht als einfache Lizenz ausgestaltet werden. Die Vergabe mehrerer einfacher Lizenzen ist nicht im Interesse des Lizenzgebers, da dies zur Folge hätte, daß die Inhaber einer einfachen Lizenz einem kleinen Abnehmerkreis, nämlich den Kinos, das gleiche Produkt anbieten würden und dies zu einem nicht gewollten Konkurrenzkampf ausartet.

2) Der Filmhersteller überträgt damit das ihm aufgrund des Urheberrechts gem. § 94 UrhG zustehende Vorführrecht. Das Vervielfältigungsrecht wird dem Lizenznehmer in § 4 dieses Vertrages eingeräumt.

3) Die Auswertungspflicht ist mit der Ausübungspflicht bei anderen Lizenzverträgen identisch. Untätigkeit des Lizenznehmers gibt dem Lizenzgeber ein Rücktrittsrecht.

4) Diese Garantieklausel ist aufzunehmen, damit der Lizenznehmer ein Recht auf Schadensersatz gegen den Lizenzgeber für den Fall hat, daß dem Film Rechte Dritter entgegenstehen, weil sie beispielsweise ohne Zustimmung im Film gezeigt werden und Unterlassungsansprüche gegen den Lizenznehmer und die Kinobesitzer durchsetzen.

5) Ist der Umfang des zu übergebenden Materials groß, sollte an dieser Stelle genau spezifiziert werden, was der Lizenzgeber dem Lizenznehmer zu übergeben hat. Wahlweise kann auch vereinbart werden, daß das Material direkt an ein bestimmtes Kopierwerk geliefert wird.

6) Bei Vertriebslizenzen kann eine entsprechende Regelung für die Durchführung und Kostenlast der Synchronisierungsarbeiten getroffen werden.

7) Rechtsfolge des Nichteinhaltens dieser Klausel ist das Rücktrittsrecht des Lizenzgebers.

8) Die Vereinbarung dieser Regelung empfiehlt sich immer dann, wenn das Negativ beim Kopierwerk hinterlegt wird und der Lizenzgeber die Rechte für die übrigen deutschsprachigen Länder noch nicht vergeben hat. Über die vom Lizenznehmer erstellten Kopien hat der Lizenzgeber kein Verfügungsrecht. Sachenrechtlich werden diese Kopien Eigentum des Lizenznehmers.

9) Die Beteiligung des Lizenzgebers ist schon deshalb sinnvoll, weil gerade er über das dem Film zugrunde liegende Material, wie beispielsweise Dialoglisten, verfügt.

10) Die üblichen Lizenzgebührenarten sind für die Filmlizenzen nicht anwendbar. Demzufolge erfolgt hier eine Quotelung des Auswertungserlöses. Ungeachtet dessen können die Parteien aber auch die Zahlung einer Mindestlizenzgebühr vereinbaren.
11) Dem Lizenzgeber stehen keine sogenannten Nennungsansprüche zu. Wird der Vor- und Nachspann jedoch so übernommen, wie der Produzent ihn geliefert hat, ist gewährleistet, daß das Copyright und die Namensnennung in der vom Lizenzgeber gewünschten Form erfolgen.

5.9 Lizenzaustauschvertrag

In der Praxis werden sehr häufig Lizenzaustauschverträge geschlossen. Diese Verträge sind dadurch gekennzeichnet, daß beide Vertragsparteien Inhaber von Schutzrechten sind und sich gegenseitig Nutzungsrechte einräumen. Da solche Lizenzaustauschverträge auf der Vorstellung beruhen, daß sich beide Parteien gleichwertig gegenüberstehen, stellt sich die Frage, was mit dem Lizenzaustauschvertrag passiert, wenn das Gleichgewicht beispielsweise durch das Erlöschen des einen Schutzrechts gestört wird. Die Besonderheit eines solchen Lizenzaustausches ist darin zu sehen, daß die Parteien anstelle der Zahlungspflicht der Lizenzgebühr und Überlassung des Nutzungsrechts als Leistung und Gegenleistung den Austausch der Lizenzen vereinbart haben. Erlischt die eine Lizenz, muß nach den Regeln über den Wegfall der Geschäftsgrundlage der Vertrag angepaßt werden, d. h. der Inhaber des Schutzrechts, das weggefallen ist, zahlt nunmehr eine Lizenzgebühr an die andere Vertragspartei.

Da auch für diese Lizenzvertragsart die in den anderen Mustern bereits genannten allgemeinen Klauseln verwandt werden können, sollen hier nur die besonderen speziell vertragstypischen Vereinbarungen dargestellt werden.

Präambel

Dem **Lizenzaustauschvertrag** *liegt folgendes zugrunde:*

1. Der Lizenzgeber ist Inhaber und Verfügungsberechtigter über das bisher nicht lizenzrechtlich übertragenen und vom Deutschen Patentamt unter der Nr. 123 586 erteilten Patents bezüglich eines Personalcomputers.

2. Der Lizenznehmer ist ebenfalls Verfügungsberechtigter und Inhaber des bisher beim Deutschen Patentamt unter der Nr. 821 901 angemeldeten Patents bezüglich eines Diskettenlaufwerks.

Beide Parteien beabsichtigen, den Personalcomputer zusammen mit dem Diskettenlaufwerk als Paket zu verkaufen.

§ 1 Lizenzumfang[1*]

Beide Parteien räumen der jeweils anderen Vertragspartei das ausschließliche Recht ein, das Patent des anderen zu nutzen.[2]

Lizenzgeber und Lizenznehmer behalten sich jedoch das Recht vor, das eigene Patent weiterhin selbst auszuüben und das eigene Produkt weiterhin herzustellen.

---

* Anmerkungen siehe S. 71.

§ 2 Lizenzgebühren

Ein besonderes Entgelt wird nicht gezahlt. Die gegenseitige Einräumung des Nutzungsrechts beinhaltet bereits Leistung und Gegenleistung in Form von Lizenzgebühren.

_____   _____
   (Ort, Datum)   *(Unterschriften)*

Anmerkungen

1) Das vorliegende Muster geht von zwei Beteiligten aus. Es sind allerdings auch Verträge denkbar, an denen mehrere Vertragsparteien beteiligt sind. Solche Vereinbarungen sind dann kartellrechtlich unbedenklich, wenn sich die Mitglieder gegenseitig einfache Lizenzen gewähren. Durch diese Regelungen werden keine anderen Personen vom Markt ausgeschlossen. Die Abkommen unter Mitwirkung vieler Schutzrechtsinhaber ermöglichen gerade erst ein vernünftiges und wirtschaftliches Zusammenwirken auf einem bestimmten Gebiet.

2) Kartellrechtlich bedenklich ist dagegen die gegenseitige Gewährung von ausschließlichen Lizenzen von mehr als zwei Beteiligten. Diese Bedenken können dadurch umgangen werden, daß jeder Vertragspartner den anderen Mitgliedern der Gemeinschaft eine einfache Lizenz einräumt und sich im übrigen verpflichtet, Lizenzen an Nichtmitglieder nur mit vorheriger schriftlicher Zustimmung der Mitglider zu vergeben. Bedenken gegen diese schuldrechtlichen Ausschließlichkeitsvereinbarungen bestehen nicht.

5.10 Schutzrechtskaufverträge

Der Erfinder eines Rechts ist nicht nur berechtigt, anderen Nutzungsrechte an seiner Erfindung einzuräumen. Jedes Schutzrecht kann mit Ausnahme des Urheberrechts (vgl. § 29 S. 2 UrhG) Gegenstand eines Kaufvertrages sein. Die Rechtsbeziehungen zwischen Erfinder und Kaufinteressenten bzw. Käufer richten sich nach den Vorschriften des BGB bezüglich des Kaufvertragsrechts (§ 433 ff. BGB).

Häufig ist nach dem Inhalt des zwischen den Parteien geschlossenen Vertrages nicht deutlich zu erkennen, ob es sich um einen Lizenzvertrag oder einen Schutzrechtskaufvertrag handelt. Entscheidendes Abgrenzungskriterium ist nicht die von den Parteien gewählte Vertragsbezeichnung, sondern allein der Inhalt. Demzufolge liegt trotz der Bezeichnung als Schutzrechtskaufvertrag ein reiner Lizenzvertrag vor, wenn der Veräußerer nach wie vor das wirtschaftliche Risiko der Verwertung trägt.

5.10.1 Optionsvertrag für einen Schutzrechtskauf

Optionsverträge werden sowohl für Lizenzverträge als auch für Schutzrechtskaufverträge häufig abgeschlossen, da dem Lizenznehmer oder Schutzrechtskäufer vor Abschluß des eigentlichen Vertrages ausreichend Gelegenheit gegeben werden muß, die bisher unbekannte Erfindung dahingehend zu erproben, ob sie kaufmännisch nutzbar ist. Der Optionsvertrag soll gewährleisten, daß der Schutzrechtsinhaber während dieser Erprobung durch den Interessenten nicht anderweitig über das Schutzrecht verfügt. Er beinhaltet das Recht, durch einseitige Erklärung des Interessenten einen Lizenz- oder Schutzrechtskaufvertrag zustande zu bringen.

Der Optionsvertrag ist vom Vorvertrag zu unterscheiden. Der Vorvertrag bindet die Parteien stärker. Er begründet die beiderseitige schuldrechtliche Verpflichtung, den eigentlichen Vertrag beim Vorliegen bestimmter Voraussetzungen abzuschließen. Sofern die im Vertrag enthaltenen rechtlichen und tatsächlichen Voraussetzungen erfüllt sind, macht sich die den Vertragsabschluß ablehnende Partei wegen Nichterfüllung schadensersatzpflichtig. Diese Rechtsfolge gibt es beim Optionsvertrag nicht.

Options- und Vorvertrag sind grundsätzlich formfrei.

Präambel

Die Vertragsparteien beabsichtigen, einen Schutzrechtskaufvertrag abzuschließen. Der Verkäufer ist Inhaber des Patents mit der Nr. 123 589 des Deutschen Patentamts und hat dieses Schutzrecht zum Kauf angeboten. Der Käufer interessiert sich für dieses Schutzrecht. Da die Erfindung noch nicht erprobt worden ist, wird zwischen den Parteien die folgende **Vereinbarung** *getroffen:*

§ 1 Option

(1) Der Verkäufer bietet dem Käufer den Abschluß eines Patentkaufvertrages an. Der Verkäufer ist bis vier Monate nach Abschluß dieses Vertrages an das Angebot gebunden.

(2) Der Verkäufer verpflichtet sich, während dieser Zeit keine Verfügungen über das Schutzrecht vorzunehmen.[1*]

§ 2 Annahme

(1) Der Käufer kann innerhalb dieses Zeitraums das Angebot des Verkäufers annehmen. Die Annahme ist durch eingeschriebenen Brief an den Verkäufer zu erklären.

(2) Gelangt der Käufer während der Erprobungszeit schon vorzeitig zu der Erkenntnis, daß er das Angebot nicht annehmen will, so ist dies dem Verkäufer gegenüber durch eingeschriebenen Brief unverzüglich anzuzeigen.[2]

§ 3 Übertragbarkeit

Der Käufer darf die Rechte aus diesem Optionsvertrag nicht auf Dritte übertragen.

§ 4 Unterstützung durch den Verkäufer[3]

Der Verkäufer ist verpflichtet, dem Käufer für die Zeit der Erprobung alle der Erfindung zugrundeliegenden Unterlagen und Konstruktionspläne (s. Anlage 1) zur Verfügung zu stellen.

---

* Anmerkungen siehe S. 74.

§ 5 Pflichten des Käufers

(1) Soweit der Käufer sein Optionsrecht nicht ausüben will, sind die Unterlagen und Konstruktionspläne ohne Zurückbehaltung von Kopien unmittelbar nach dieser Entscheidung an den Verkäufer zurückzugeben.

(2) Der Käufer verpflichtet sich, die Unterlagen und Konstruktionspläne geheimzuhalten und nicht an Dritte weiterzugeben.

(3) Der Käufer zahlt an den Verkäufer für die Gewährung der Option ein einmaliges Entgelt von 20.000,– DM. Dieser Betrag kann auch dann nicht zurückverlangt werden, wenn der Käufer sich entschließt, das Angebot des Verkäufers nicht anzunehmen.

§ 6 Optionsausübung

Übt der Käufer die Option rechtzeitig aus, so ist der Verkäufer verpflichtet, mit dem Käufer einen Kaufvertrag über das Schutzrecht zum Kaufpreis von 100.000.– DM abzuschließen.

(Ort, Datum)   (Unterschriften)

Anmerkungen

1) Die Nichtbeachtung dieser Verpflichtung führt zu einer Schadensersatzpflicht des Verkäufers.

2) Kommt der Kaufinteressent dieser Verpflichtung nicht nach, so macht er sich schadensersatzpflichtig. Er muß den Schaden ersetzen, der dadurch entstanden ist, daß der Verkäufer das Schutzrecht erst zu einem späteren Zeitpunkt erneut anbieten kann.

3) Gegebenenfalls ist es erforderlich, die Unterstützung auf das Zurverfügungstellen von Fachpersonal auszudehnen. In einem solchen Fall ist allerdings eine Regelung über ein entsprechendes Entgelt dafür zu treffen.

5.10.2 Patentkaufvertrag

Der Patentrechtsinhaber kann (gem. § 15 PatG) das Recht auf das Patent, den Anspruch auf Erteilung des Patents und das Recht aus dem Patent beschränkt oder unbeschränkt auf andere natürliche und juristische Personen übertragen. Der Käufer ist nach dem PatG erst verfügungsbefugt, wenn die Eintragung der Rechtsänderung in die Patentrolle erfolgt (vgl. dazu Muster 5.10.4). Gleiches gilt für die Übertragung eines Gebrauchsmusters.

Vorbemerkung

Der Verkäufer ist Inhaber und Verfügungsberechtigter des Patents Nr. 123 589 des Deutschen Patentamtes bezüglich eines Kindersitzes für Personenkraftwagen (im folgenden Kaufgegenstand genannt). Der Käufer kennt den Produktionsablauf und hat den Kaufgegenstand bereits erprobt. Er möchte das Patent aufgrund des nachfolgenden **Patentkaufvertrages** *erwerben:*

§ 1 Garantieklausel

Der Verkäufer steht dafür ein, daß er Alleinverfügungsberechtigter und rechtmäßiger Eigentümer des Patents ist und das Schutzrecht nicht mit irgendwelchen Rechten Dritter belastet ist. Er steht ferner dafür ein, daß die Erfindung technisch ausführbar ist.[1*]

§ 2 Kaufgegenstand

Der Verkäufer tritt hiermit alle Rechte und Pflichten bezüglich des in den Vorbemerkungen genannten Patents an den Käufer ab und verpflichtet sich, der Umschreibung des Patents in notariell beglaubigter Form unverzüglich nach Vertragsabschluß zuzustimmen. Der Umschreibungsantrag wird vom Käufer gestellt.

---

* Anmerkungen siehe S. 77.

§ 3 Unterstützung durch den Verkäufer

(1) Nach Zahlung der ersten Kaufpreisrate übergibt der Verkäufer alle das Patent betreffenden Unterlagen, Aufzeichnungen und Konstruktionspläne an den Käufer.

(2) Der Verkäufer steht dem Käufer für die Dauer von höchstens zwei Monaten ab Übergabe der Unterlagen mit seiner gesamten Arbeitskraft zum Aufbau der Produktionsanlage zur Verfügung. Der Verkäufer erhält dafür ein Engelt von insgesamt 15.000,- DM.

§ 4 Kaufpreis[2]

Der vom Käufer zu zahlende Gesamtkaufpreis von 400.000,- DM ist wie folgt zu entrichten:
a) 50.000,- DM bei Abschluß des Vertrages,
b) 50.000,- DM nach weiteren drei Monaten,
c) die restlichen 300.000,- DM in fünf gleichbleibenden vierteljährlichen Raten ab Produktionsaufnahme zum Ende des Quartals.

§ 5 Sonstige Kosten

Alle für diesen Vertrag und nach dem Abschluß dieses Vertrages anfallenden Kosten sowie Gebühren gehen zu Lasten des Käufers.[3]

§ 6 Wettbewerbsverbot[4] und Nichtangriffsklausel

Der Verkäufer verpflichtet sich, weder selbst noch durch Dritte das Schutzrecht anzugreifen und im Zeitraum von zwei Jahren nach Vertragsschluß keine neuen Patente für dem Verkaufsgegenstand ähnliche Erfindungen anzumelden.

_____   _____
(Ort, Datum)   *(Unterschriften)*

Anmerkungen

1) Bei Vorliegen einer solchen Klausel haftet der Verkäufer für die technische Brauchbarkeit der Erfindung. Zwar ist hier bereits die Erprobung durch den Käufer erfolgt. Dennoch sollte eine solche Klausel aufgenommen werden, um den Verkäufer langfristig an seine Garantie zu binden.

2) Die hier vorgeschlagene Ratenzahlung ist im Interesse beider Parteien. Gerade für den Käufer wird es wichtig sein, den Hauptanteil des Kaufpreises erst zu zahlen, wenn aufgrund der bereits aufgenommenen Produktion Einnahmen zu verzeichnen sind.

3) Dazu gehören sowohl die reinen Vertragskosten als auch die sich aus der Übernahme des Patents ergebenden Folgekosten.

4) Ein solches Wettbewerbsverbot, dem grundsätzlich kartellrechtliche Bedenken entgegenstehen, dürfte hier ausnahmsweise angemessen sein, wenn, wie häufig bei Schutzrechtsverkäufen, technisches Know-how mitübertragen wird.

5.10.3 Warenzeichenkaufvertrag

Für die Übertragung eines Warenzeichens durch Verkauf gelten die für den Verkauf eines Patents aufgestellten Grundsätze, so daß die dort aufgeführten Klauseln auch in einem Warenzeichenkaufvertrag aufgenommen werden können. Die einzige Ausnahme besteht darin, daß (gem. § 8 Abs. 1, S. 2 WZG) das Warenzeichen nur mit dem Geschäftsbetrieb oder dem Teil des Geschäftsbetriebes, zu dem das Warenzeichen gehört, auf einen anderen übertragen werden kann. Jegliche andere Übertragung ist unwirksam.

Präambel

Der Verkäufer ist Inhaber eines Geschäftsbetriebes in _____ , in dem Kleidungsstücke unter dem eingetragenen Warenzeichen „Chef-Moden" hergestellt werden. Da der Käufer das Warenzeichen nebst Geschäftsbetrieb erwerben möchte, treffen die Parteien folgende **Vereinbarung:**

§ 1 Kaufgegenstand

Der Käufer kauft hiermit den oben bezeichneten Geschäftsbetrieb inklusive dem dazugehörigen Warenzeichen.

_____   _____
        (Ort, Datum)   *(Unterschriften)*

5.10.4 Antrag auf Umschreibung eines Patents

An das
Deutsche Patentamt
Zweibrückenstr. 12
8000 München 2

Hannover, den _____

Antrag auf Umschreibung[1] eines Patents

Wir _____ *sind Inhaber des Patents Nr.* _____ *betreffend* _____ *und übertragen alle Rechte und Pflichten aus dem genannten Schutzrecht auf die Firma:*

_____

Es wird ausdrücklich erklärt, daß wir als bisherige Patentrechtsinhaber mit der Umschreibung einverstanden sind.

Osnabrück, den 26. 8. 1987

_____

(Notariell beglaubigte Unterschrift)[2]

Wir erklären unser Einverständnis zur Übertragung und beantragen die Umschreibung in der Rolle auf uns.

Die Umschreibungsgebühr in Höhe von 60,– DM ist mit dem heutigen Tage auf das Postscheckkonto des Deutschen Patentamts überwiesen worden.[3]

_____

(Einfache Unterschrift des Übernehmers)

Anmerkungen

1) Das vorstehend abgedruckte Formular ist in Anlehnung an das vom Deutschen Patentamt empfohlene Muster abgefaßt worden. Ähnliche Anträge sind für die Umschreibung von Gebrauchsmustern und Warenzeichen erforderlich.

Anlagen brauchen diesem Formular nicht beigefügt zu werden, da das Patentamt einen formgültigen Nachweis über den Rechtsübergang in der Regel nicht verlangt. Nur ausnahmsweise, wenn es Zweifel an der materiell-rechtlichen Berechtigung des Übertragenden gibt, verlangt das Deutsche Patentamt die

Wirksamkeit des Übertragungsgeschäfts beweisende Unterlagen. Entsprechende formelle Nachweise müssen für solche Patente, die nach ausländischem Recht übertragen werden, grundsätzlich dem Umschreibungsantrag beigefügt werden.

2) Die notariell beglaubigte Unterschrift des alten Schutzrechtsinhabers ist zwingendes Formerfordernis (§ 30 Abs. 2 PatG). Fehlt es daran, kann die Umschreibung nicht vorgenommen werden. Auf diese Weise soll sichergestellt werden, daß die Übertragung auch tatsächlich von den Berechtigten unterzeichnet worden ist. Die Unterschrift des neuen Begünstigten dagegen unterliegt diesen Formvorschriften nicht.

3) Die Umschreibung erfolgt nur, wenn zusammen mit dem Antrag die Gebühr entrichtet wird. Die Gebühr beträgt zur Zeit 60,– DM. Weiterhin fallen für die Beglaubigung durch einen Notar Kosten in Höhe von 1/4 Gebühr, höchstens jedoch 250.– DM an, wenn der Notar lediglich die Beglaubigung vornimmt. Fertigt er hingegen noch das Anschreiben im Entwurf an, so ist eine 1/2 Gebühr zu zahlen.

5.11 Geheimhaltungsverpflichtung[1*]

1. Der Lizenznehmer verpflichtet sich während der Laufzeit[2] sowie nach Beendigung dieses Vertrages alle im Zusammenhang mit dem Lizenzvertrag vom _____ stehenden Informationen, die das Schutzrecht bzw. den Gegenstand des genannten Vertrages betreffen, geheimzuhalten und die erforderlichen Sicherheitsmaßnahmen zu treffen, damit unbefugte Dritte keine Einsicht in die Aufzeichnungen erhalten. Dies gilt für alle Unterlagen unabhängig davon, ob sie als vertraulich oder geheim gekennzeichnet worden sind.

2. Der Lizenznehmer wird auch seine Betriebsangehörigen über ihre Betriebszugehörigkeit hinaus zur Verschwiegenheit verpflichten.[3] Er trägt ebenfalls dafür Sorge, daß seine Mitarbeiter nur soweit informiert werden, wie dies für einen geordneten Produktionsablauf erforderlich ist. Dabei ist die Vermittlung eines Gesamtüberblicks soweit wie möglich zu vermeiden.
Die Mitarbeiter, die aufgrund des reibungslosen Produktionsablaufs einen Gesamtüberblick erhalten, sind dem Lizenzgeber innerhalb von drei Wochen nach Abschluß des Vertrages mittels einer Liste namentlich zu benennen.

3. Dem Lizenzgeber obliegen die gleichen Pflichten bezüglich der vom Lizenznehmer erhaltenen Kenntnisse und Unterlagen.

4. Soweit der Lizenznehmer in begrenztem Maße seinen Lieferanten Kenntnisse über den Lizenzgegenstand mitteilen möchte, bedarf es dazu der ausdrücklichen Genehmigung durch den Lizenzgeber.[4]

5. Allgemein bekannt und damit nicht unter diese Vereinbarung fallend, gelten die Tatsachen und Kenntnisse, die bei Vertragsschluß vom Lizenzgeber in einer Aufstellung aufgelistet und dem Lizenznehmer übergeben werden.[5]
Der Lizenznehmer trägt die Beweislast dafür, daß andere Kenntnisse nach Vertragsschluß ohne seine Mitwirkung bekannt geworden sind oder ihm bereits vor Vertragsschluß bekannt waren.[6]

6. Für den Fall der Zuwiderhandlung verpflichtet sich der Lizenznehmer zum Schadensersatz. Er hat den Lizenzgeber so zu stellen, als sei die Geheimhaltung beibehalten worden.

_____   _____
   (Ort, Datum)   (Unterschriften)

_____
* Anmerkungen siehe S. 82.

Anmerkungen

1) Die Geheimhaltungsverpflichtung kann entweder direkt in den Lizenzvertrag mitaufgenommen oder aber auch in einer gesonderten Vereinbarung festgehalten werden. Da sie in der Regel ein für den Lizenzgeber wesentlicher Teil der gesamten Vertragskonzeption ist, sollte ein einheitliches und umfassendes Vertragswerk erstellt werden, das alle zwischen den Parteien gültigen Vereinbarungen enthält.

2) In einzelnen Verträgen kann es erforderlich sein, die Geheimhaltungsverpflichtung sogar über die Vertragsdauer hinaus auszudehnen. Zwar endet sie nicht automatisch mit Ablauf des Vertrages; die Kenntnisse werden nach Beendigung des Vertrages nicht von sich aus offenkundig, so daß der Lizenznehmer aufgrund seiner nachvertraglichen Pflichten zur Geheimhaltung verpflichtet ist. Dennoch ist es bei ausschließlichen Lizenzen sinnvoll, die nachvertragliche Geheimhaltungspflicht vertraglich festzuschreiben. Dem Lizenznehmer wird damit ausdrücklich klargemacht, daß das Ende des Vertrages nicht das Ende der Geheimhaltung beinhaltet.
Die nachvertragliche Geheimhaltungsverpflichtung ist kartellrechtlich zulässig. Bei Know-how-Überlassungsverträgen hat sie fundamentale Bedeutung (vgl. Kraßer GRUR 1970, 590).

3) Die Ausdehnung der Geheimhaltungspflicht auf die Mitarbeiter des Lizenznehmers empfiehlt sich, damit der Lizenznehmer gegenüber dem Schadensersatzanspruch des Lizenzgebers nicht einwenden kann, er selbst habe die Geheimnisse nicht offenkundig gemacht. Darüber hinaus erhält der Lizenznehmer durch die Ausdehnung in einem Arbeitsvertrag eigene Ansprüche gegen seine Betriebsangehörigen.

4) Im Einzelfall kann es für den Produktionsablauf beim Lizenznehmer erforderlich sein, seinen Zulieferern besondere Kenntnisse über den Lizenzgegenstand bzw. das Schutzrecht mitzuteilen. Dies sollte aber schon deshalb von der Kenntnis des Lizenzgebers abhängig gemacht werden, damit dieser jederzeit über den Personenkreis informiert ist, der seine Erfindung kennt.

5) Die genaue Umschreibung der Kenntnisse, die geheim sind, ist notwendig, damit der Lizenznehmer nicht einwenden kann, er habe davon nichts gewußt. Da es bei einem lizenzierten Schutzrecht aufgrund der Tatsache, daß die meisten Kenntnisse geheim sind, einfacher ist, aufzuzählen, welche Dinge bekannt sind, kann die Umschreibung in der abgedruckten Form erfolgen.

6) Die vorstehende Vereinbarung ist eine Beweislastumkehr zu Gunsten des Lizenzgebers. Nach der gesetzlichen Regelung müßte der Lizenzgeber als derjenige, der den Schaden geltend macht, das Verschulden des Lizenznehmers beweisen.

Literaturverzeichnis

Gaul, Dieter/Bartenbach, Kurt: Patentlizenz- und Know-How-Vertrag, Sonderdruck, Handbuch des gewerblichen Rechtsschutzes, 2. Aufl., 1973, Verlag Dr. Otto Schmidt, Köln

Herm, Günter: Patent- und Know-how-Lizenzvertrag, 2. Auflage, 1989, C. F. Müller Juristischer Verlag, Heidelberg

Klauer/Möhring: Patentrechtskommentar, 1971, Verlag C. H. Beck, München

Kragler, Peter: Schutz des geheimen Know-Hows. Rechtliche Grundlagen und Maßnahmekatalog, 1987, Verlag Moderne Industrie, Landsberg/Lech

Lange, Hans-Peter: Der Lizenzvertrag im Verlagswesen, 1979, Verlag Stämpfli & Cie AG, Bern

Lindstaedt/Pilger: Muster für Patentlizenzverträge, 4. Auflage, 1987, Verlag Recht und Wirtschaft GmbH, Heidelberg

Lüdecke/Fischer: Lizenzverträge, 1957, Verlag Chemie GmbH, Weinheim/Bergstraße

Pagenberg, Jochen: Lizenzverträge, 1985, Carl Heymanns Verlag, Köln

Rebmann, Kurt/Säcker, Franz: Münchener Kommentar zum Bürgerlichen Gesetzbuch, Band 2, 1986, Verlag C. H. Beck, München

Reimer, Eduard: Patentgesetz und Gebrauchsmustergesetz, 1968, Verlag C. H. Beck, München

Stumpf/Hesse: Der Lizenzvertrag, 1984, Verlagsgesellschaft Recht und Wirtschaft, Heidelberg

Stichwortverzeichnis

(Die Zahlen bezeichnen die Seiten)

Abrechnung	35, 42
Abwehr von Übergriffen Dritter	18
Alleinige Lizenz	14
Aufrechterhaltung	48, 50
Auslandslizenzverträge	31
Auslaufklausel	48, 50
Ausschließliche Lizenz	12, 47
Ausübungspflicht	18, 47
Begleitende Marke	60, 61
Betriebslizenz	16
Bezugsbindung	36, 42
Buchführungspflicht	34, 42
Einfache Lizenz	12, 32
Einigung	11
Eintragung	14, 47
Erlöschen	38, 44
Filmlizenz	65, 68
Franchise	10
Gebrauchslizenz	15
Gebrauchsmuster	55, 56
Geheimhaltung	18, 81
Geheimverfahren	51, 53
Genehmigung	64
Gewährleistung	20, 23
Gewährleistungsausschluß	38, 43
Herstellungslizenz	15
Know-how	32, 41
Konkurs	29
Kontrolle	35, 61
Kündigung	27, 39
Lizenzaustausch	17, 70
Lizenzgebühr	16, 41
Lizenzgebührvorauszahlung	17, 34
Lizenzumfang	33, 41
Lizenzvermerk	37, 43
Meistbegünstigung	35, 42
Mindestlizenzgebühr	17, 34
Nachvertragliche Pflichten	20
Nebenabreden	19, 40
Nichtangriffsabrede	38, 44
Nichtigerklärung	38, 44
Optionsvertrag	72
Patent	14, 54
Patentkauf	75, 77
Patentlizenz	47
Patentrolle	14, 54
Pauschallizenzgebühr	17
Persönliche Lizenz	16
Pfändung	28
Pflichten des Lizenzgebers	19
Pflichten des Lizenznehmers	16
Präambel	32, 41
Preisbindung	18, 24
Produzentenhaftung	24, 36
Qualitätsanforderungen	56
Rechtsmängel	22
Rechtsnachfolge	28, 40
Sachmängel	21
Salvatorische Klausel	40
Schadensberechnung	25
Schadensersatz	24
Schiedsvertrag	40, 46
Schriftform	12
Schutzrechtskaufvertrag	72
Sortenschutzrecht	14
Steuern	30, 48
Stücklizenzgebühr	17, 50

Technische Unterlagen	36, 43	Vertragsbeendigung	39, 44
Übergabe	33, 51	Vertriebslizenz	15
Übertragung	27	Vervielfältigung	36, 43
Umsatzlizenzgebühr	17	Vorvertrag	72
Umschreibungsantrag	54, 79	Vorzeitige Beendigung	26
Unterlassungsansprüche	26	**Warenzeichenkauf**	78
Unterlizenzen	35, 55	Warenzeichenlizenz	57, 59
Veränderungen	37, 43	Wertsicherungsklausel	31
Verbesserungen	37, 43	**Zusammenarbeit**	37, 43
Verjährung	18	Zustimmung	64
Verlagslizenz	62, 64	Zwangsvollstreckung	28

WRS-Mustertexte...da steckt viel Praxis drin!

Harutunian
Erfolgreiche Korrespondenz
Tips und Hinweise für den zeitgemäßen Geschäftsbrief
DM 19,80, Bestell-Nr. 07.10

Born
Von der Bewerbung bis zur Kündigung
Musterbriefe, Tips und Hilfen für Schreiben des Arbeitnehmers zu allen betrieblichen Anlässen
DM 19,80, Bestell-Nr. 07.14

Dietz
Arbeitszeugnisse ausstellen und beurteilen
Beispiele und Formulierungshilfen für die Praxis
DM 19,80, Bestell-Nr. 40.12

Meyer
Betriebliche Rügen und ihre Folgen
Alle betrieblichen Disziplinarmaßnahmen von der Mahnung bis zur Kündigung mit ausführlichen Erläuterungen und Mustern
DM 19,80, Bestell-Nr. 45.12

Dietz
Arbeitsrechtliche Kündigung
Ein Ratgeber für die Praxis mit Einführung, Übersichten und ausführlichen Mustern
DM 19,80, Bestell-Nr. 45.13

Huber
Testamente und Erbverträge
DM 19,80, Bestell-Nr. 72.05

Hebestreit
Allgemeine Geschäftsbedingungen
Einführung und Hinweise für die Praxis
DM 19,80, Bestell-Nr. 60.10

Huber
Das erfolgreiche Mahnverfahren
Alle Schritte gegen säumige Schuldner von der ersten Mahnung bis zur Zwangsvollstreckung. Rechtsgrundlagen · Mustertexte · Formulare
DM 19,80, Bestell-Nr. 79.04

David
Zusammenarbeit mit Inkassounternehmen
Praxis-Ratgeber für Gläubiger, Inkassobüros, Rechtsanwälte und Rechtsbeistände.
Organisation · Kosten · Risiken
DM 19,80, Bestell-Nr. 79.05

Manekeller/Möhl
Personalbriefe – leichtgemacht
Ein praktischer Leitfaden mit fertigen Briefmustern, Regeln und Erläuterungen
DM 19,80, Bestell-Nr. 07.11

Geckle
Vereins-Ratgeber
Wie Sie einen Verein gründen, führen und vertreten. Vereinsrecht · Satzung · Steuern
DM 19,80, Bestell-Nr. 70.04

WRS Verlag · Wirtschaft · Recht und Steuern

WRS-Musterverträge...da steckt viel Praxis drin!

Vortmann
Franchiseverträge
Entscheidungskriterien und Muster für das Franchising
DM 19,80, Bestell-Nr. 00.33

Vortmann
Lizenzverträge richtig gestalten
Grundzüge des Lizenzrechts und Muster für die Praxis
DM 24,80, Bestell-Nr. 60.11

Böckel
GmbH-Gesellschaftsverträge richtig gestalten
Komprimierter Leitfaden mit verschiedenen Mustern für die GmbH und GmbH und Co KG
DM 24,80, Bestell-Nr. 61.23

Geckle
Die Vollmacht
in der Betriebspraxis und im Rechtsleben
DM 19,80, Bestell-Nr. 70.01

Heinsius
Die Betriebsaufspaltung
Vertragsmuster für eine moderne Unternehmensform
DM 19,80, Bestell-Nr. 08.04

Hohn
Massenentlassungen und Betriebsübernahmen
Arbeitsrechtliche Hinweise und Muster zu Personalfragen bei Betriebsänderungen
DM 19,80, Bestell-Nr. 41.09

Tremml/Schiffer
Firmenkäufe
Entscheidungshilfen für die Praxis
Rechtsgrundlagen · Vertragsgestaltung · Steuern · Unternehmensbewertung
DM 19,80, Bestell-Nr. 61.22

Hohn
Maßnahmen gegen Alkohol und Nikotin am Arbeitsplatz
Ratschläge und Formulierungshilfen für betriebliche Richtlinien, Vereinbarungen und Verbote
DM 19,80, Bestell-Nr. 42.03

Böckel
Moderne Arbeitsverträge
Vertragsmuster für Arbeiter und Angestellte mit einer Checkliste für den vorteilhaften Abschluß von Arbeitsverträgen
DM 19,80, Bestell-Nr. 45.06

Hohn
Arbeits- und Dienstverträge
für Geschäftsführer und leitende Angestellte
DM 19,80, Bestell-Nr. 45.08

Böckel
Befristete Arbeitsverträge
mit den Regelungen durch das Beschäftigungsförderungsgesetz
DM 19,80, Bestell-Nr. 45.09

Böckel
Teilzeit-Arbeitsverträge
Alle Regelungen mit ausführlichen Mustern zur festen und variablen Arbeitszeit, zur Arbeitszeit auf Abruf und zum Job-sharing
DM 19,80, Bestell-Nr. 45.10

Tremml
Verträge mit freien Mitarbeitern
Erläuterung der rechtlichen und praktischen Aspekte mit Formulierungshilfen für verschiedene Berufssparten
DM 19,80, Bestell-Nr. 40.13

Brunz/Wolter
Ratgeber zur flexiblen Arbeitszeit
Muster, Beispiele und Tips für die erfolgreiche Einführung im Betrieb
DM 19,80, Bestell-Nr. 40.14

Naegele/Jürgensen
Zusammenschlüssse von Freiberuflern
Verträge für Sozietäten, Gemeinschaftspraxen, Büro-, Praxis- und Apparategemeinschaften
DM 19,80, Bestell-Nr. 61.21

Liesegang
Vertriebsverträge
für Handelsvertreter, Kommissionäre, Verkaufsreisende und Vertragshändler
DM 14,80, Bestell-Nr. 61.16

WRS Verlag · Wirtschaft · Recht und Steuern